# ¿Qué han hecho los
# Monty Python por nosotros?

# ¿Qué han hecho los Monty Python por nosotros?

Un libro con todas las claves
de *La vida de Brian*, una de las mejores
comedias de la historia del cine

## Javier Durán Tortonda

**Plataforma
Editorial**

Primera edición en esta colección: marzo de 2024

© Javier Durán Tortonda, 2024
© de la presente edición: Plataforma Editorial, 2024

Plataforma Editorial
c/ Muntaner, 269, entlo. 1.ª – 08021 Barcelona
Tel.: (+34) 93 494 79 99
www.plataformaeditorial.com
info@plataformaeditorial.com

Depósito legal: B 2873-2024
ISBN: 978-84-10079-32-8
IBIC: APF

*Printed in Spain* – Impreso en España

Diseño de cubierta:
Pol Pons

Realización de cubierta:
Grafime S.L.

Fotocomposición:
gama, sl

El papel que se ha utilizado para imprimir este libro proviene
de explotaciones forestales controladas, donde se respetan
los valores ecológicos, sociales y el desarrollo sostenible del bosque.

Impresión:
Sagrafic

*A mis padres,*
*que lo han hecho todo por nosotros.*

# Índice

# 1. ¿Qué han hecho los Monty Python por nosotros?

Bueno, pero aparte de revolucionar la comedia mundial, convertirse en el grupo humorístico más importante de la historia, cambiar el paradigma del humor televisivo y reivindicar el humor satírico y absurdo, ¿qué han hecho los Monty Python por nosotros?

FLASHBACK A:

INTERIOR DEL RESTAURANTE LIGTH OF KASHMIR TANDOORI, Hampstead, Inglaterra, 11 de mayo de 1969, 10 años a.B. (antes de Brian).

Un camarero se acerca a servir comida india a una mesa con seis jóvenes cómicos: cuatro ingleses, un galés y un estadounidense —Graham Chapman, John Cleese, Eric Idle, Michael Palin, Terry Jones y Terry Gilliam, respectivamente—, que discuten de forma acalorada sobre comedia y un contrato de trabajo.

FIN DEL FLASHBACK

Ese camarero aún no lo sabe, pero está siendo testigo de un momento histórico: el nacimiento de los míticos «Monty Python». Eran seis hombres y un destino: poner boca abajo la comedia mundial para siempre.

Pero, aparte de las regatas, formar a cientos de premios Nobel, a más de treinta líderes mundiales, a doce santos, a Newton, a Darwin o a los dirigentes que sacaron al Reino Unido de Europa con el Brexit, ¿qué han hecho Oxford y Cambridge por nosotros?

Estas dos prestigiosas universidades fueron además «las culpables» de que existan los Monty Python: Terry Jones y Michael Palin se conocieron en el grupo de teatro de Oxford, mientras que Graham Chapman, John Cleese y Eric Idle eran compañeros de Cambridge.

Un jueves, mientras Graham Chapman y John Cleese veían juntos su programa favorito de comedia en el canal ITV, *Do Not Adjust Your Set* («No ajustes tu televisor»), con Terry Jones, Michael Palin, Eric Idle y Terry Gilliam haciendo las animaciones, Cleese lanzó a su compañero Chapman la pregunta con la que empezó todo: «¿Por qué no llamamos a esos tipos y les preguntamos si quieren hacer un programa con nosotros?».

La respuesta se hizo esperar unos días, pero fueron tres palabras sellaron su destino profesional y artístico para siempre: «Montemos algo juntos».

# ¿Qué han hecho Oxford y Cambridge por nosotros?

## Monty Python's Flying Circus

Ya tenemos a los seis fantásticos dispuestos a empezar a trabajar en el programa, pero les faltaba un nombre.

Fueron reuniones y reuniones y cientos de nombres los que se propusieron: *Owl Stretching Time*; *The Toad Elevating Moment*; *A Horse, a Spoon and a Basin*; *Vaseline Review*; *Bun, Wackett, Buzzard, Stubble and Boot...*

La BBC apostaba por «*Flying Circus*», pero el grupo quería añadir algo propio. John Cleese, muy fan de usar nombres de animales como recurso humorístico, propuso «Python» («serpiente pitón»), pero les faltaba algo, les parecía gracioso usarlo como apellido, pero les faltaba un nombre. Entonces, Eric Idle propuso «Monty», un nombre muy sonoro de un parroquiano de un *pub* de la localidad de Studley adonde acudía, y en donde todo el mundo preguntaba por este tal Monty, así que ya tenían nombre: «Monty Python».

A la cadena de televisión BBC el nombre del programa, *Monty Python's Flying Circus*, les parecía largo y confuso, pero lo acabaron aceptando para contentar al grupo. Sin embargo, el hermano de Terry Jones demostró sus escasas dotes de adivinación y auguró que «υη ησмbre αsí ησ αrraígará nunca» entre el público.

Tras esta decisión, alguien de la BBC apareció con una colección de discos de vinilo para elegir un tema de cabecera para el programa. Terry Jones eligió la ya famosa «La campana de la Libertad», una marcha militar estadounidense de John Philip Sousa de 1893 interpretada nada menos que por la banda de música de la Guardia de Granaderos de la Guardia Real Británica.*

Ya tenían sintonía para el programa.

Firmaron una primera temporada completa de trece episodios de media hora de duración y de la que escribieron con anticipación todos los guiones. Su distribución del trabajo era de nueve de la mañana a cinco de la tarde de lunes a viernes, y trabajaban normalmente por parejas: la pareja de Cambridge —Cleese y Chapman— escribía *sketches* más verbales y agresivos, y la de Oxford —Jones y Palin—, unos *sketches* más visuales y fantasiosos que los de sus compañeros, mientras que Eric Idle escribía solo, como también Gilliam, que se ocupaba sobre todo de las animaciones. Seis genios trabajando a la vez aseguraba mucho material y muy brillante, aunque «el ochenta por ciento del tiempo se nos va en planificar dónde quedamos».

John Cleese ha confesado que él y Graham Chapman podían pasarse todo un día deliberando sobre la palabra correcta para usar en un *sketch*. Aunque nunca fueron unos grandes teóricos de la comedia, iban construyendo sus *sketches* sobre la marcha mientras los escribían. Todos aportaban y todos corregían.

* Una de las principales razones para utilizar esta marcha como tema de cabecera de *Monty Python's Flying Circus* fue que, por su antigüedad, ni la cadena ni el grupo humorístico tenían que pagar *royalties* para poder utilizarla, ya que se encontraba libre de derechos de autor.

Los seis Monty Python eran una mente colmena humorística. Crearon una comuna de guionistas sin ninguna autoridad. Una cooperativa del humor en la que todos y cada uno de ellos tenían el control creativo absoluto de su trabajo, desde la creación de los guiones, la grabación y la interpretación, hasta el montaje y la emisión.

El propio Cleese explicaba su sistema de trabajo: «No nos repetíamos mucho, solíamos ser bastante concienzudos y no nos gustaba incluir ningún *sketch* que nos pareciera flojo. La solidez de los guiones, la consistencia interpretativa y una libertad absoluta de creación que permitía tratar una gama tan rica y diversa de temas hacían que nuestros programas resultasen imposibles de encasillar».

Terry Gilliam cuenta en sus *Gilliamismos. Memorias prepóstumas* que «uno de los factores que permitieron a un grupo con tantas personalidades, talento y ego diferentes trabajar juntos era que sumábamos una sola personalidad efectivamente loca, y que operaba de una manera extrañamente funcional».

Todo el mundo piensa que los Monty Python improvisaban muy bien, pero de hecho en sus primeros programas, como ellos mismos han corroborado en numerosas ocasiones, no había ni una sola palabra improvisada. Su lema era: «Guion, guion y guion».

Ya tenían nombre, tema de cabecera y guiones.

Podían empezar.

Es...

La primera escena de *Flying Circus* que se rodó ya es historia de la televisión británica y mundial: un náufrago medio muerto llega nadando a la orilla se arrastra por la playa y con su último aliento dice una sola palabra:

«ES».

Es... el inicio de uno de los programas de humor más míticos e influyentes de la televisión.

El programa se estrenó el 5 de octubre de 1969 y estuvo en antena durante cuatro temporadas y 45 programas, de 1969 a 1974, producidos y dirigidos en casi la totalidad —41 de sus 45 entregas— por el director y actor escocés Ian MacNaughton, que posteriormente también dirigiría en 1971 la primera película del grupo, *Y ahora algo completamente diferente* —también conocida como *Se armó la gorda*—.

Dos años después de la emisión de *Flying Circus* en la televisión británica estrenaron su primera película, una recopilación de sus mejores *sketches* de las dos primeras temporadas de la serie televisiva para el mercado estadounidense, titulada, como acabamos de comentar, *Y ahora algo completamente diferente* (1971), a la que siguieron tres películas originales: *Los caballeros de la mesa cuadrada y sus locos seguidores* (1975), *La vida de Brian* (1979) y *El sentido de la vida* (1983), que hicieron de los

Monty Python una leyenda de la comedia a nivel mundial.

El programa televisivo era una batidora de referencias de todo tipo. *Sketches* como los de «El chiste más famoso del mundo», «El loro muerto», «El Ministerio de los andares ridículos», «Spam», «La Inquisición española» o «La clínica de las discusiones» son una muestra de la variedad de un estilo de humor que aunaba surrealismo con crítica social, humor intelectual y popular a la vez.

Una mezcla que rompió los esquemas de sus compatriotas, que alucinaron al ver en un mismo programa una parodia de un partido de fútbol con el filósofo griego Sócrates metiendo el gol de la victoria a pase de Arquímedes, a pesar de las argumentaciones de Hegel y a unos soldados haciendo un baile absurdo en el que se golpean la cara con unos peces.

Todo aderezado con unas animaciones salvajes de Terry Gilliam basadas en las técnicas del *collage* y el *stop motion* que, a pesar de su violencia, pasaron la censura de la BBC y se convirtieron en un elemento imprescindible del programa y una seña de identidad visual potentísima.

Para la BBC, «el estilo de animación único de Terry Gilliam se volvió crucial, pasando a la perfección entre dos ideas cualesquiera que no tenían ninguna relación y haciendo que la corriente de la conciencia funcionase».

Un rasgo muy característico del humor de los Monty Python era cuestionarse todo. Su desafío a la autoridad y su libertad salvaje y ácrata conectaron muy bien con el espíritu de su época y sacaban de quicio a cierta gente y estamentos, algo de lo que estaban particularmente orgullosos los seis miembros del grupo.

## «Un programa rarísimo, pero me ha gustado».

Eric Idle cuenta en su libro de memorias que uno de sus objetivos con el programa era «sorprender a los espectadores», y vaya si lo consiguieron.

Su público en el plató eran señoras mayores que llegaban al estudio de la BBC pensando que, al llamarse el programa *Flying Circus*, iban a ver en realidad un espectáculo circense, y claro, en la grabación de su primer programa no hubo ni una sola carcajada entre el público.

La BBC siguió apostando por el programa a pesar de sus bajas audiencias y lo cambió varias veces de horario y día de emisión para intentar encontrar una franja en la que funcionase, hasta que se asentó definitivamente los domingos por la noche.

Tres millones de espectadores se convirtieron en fieles seguidores del programa, que, poco a poco, se fue transformando en un espacio de culto para un sector de la población, especialmente entre el público joven, y que acabaría convirtiéndose en un emblema de la contracultura.

Este deseo de romper con las convenciones se materializó en un programa de comedia en el que se unía el humor subversivo y el surrealista, que encontró su público en una generación que había nacido poco después de la Segunda Guerra Mundial y había tenido acceso a una educación universitaria, jóvenes deseosos de encontrar una alternativa a la escena artística burguesa de la Inglaterra de los setenta y que consiguieron que arrasaran propuestas musicales como las del grupo The Beatles o cómicas como las de los propios Monty Python.

Pero ni siquiera ellos tenían claro si su fórmula, que mezclaba humor sofisticado, infantil, inteligente, surrealista y grueso a la vez, iba a funcionar. En el libro de memorias de John Cleese, *So Anyway: The Autobiography*, el cómico hace memoria de esa época y con sinceridad confiesa: «No teníamos ni idea de si a la gente le iba a gustar nuestro programa».

Los Monty Python, con su humor del absurdo, rompieron todos los límites, de forma y contenido, y a eso le añadieron algunos ingredientes extra, como un humor irrespetuoso y crítico con todo y con todos: religiones, burguesía, funcionarios, clases populares, amas de casa, intelectuales, militares, artistas, jueces..., incluso con ellos mismos y la propia BBC. Ningún colectivo se salvaba de sus parodias, y quizás ese fuera uno de los secretos de su gran éxito.

John Cleese explicó unos años después muy gráficamente qué diferenciaba su humor negro del humor blanco que se hacía hasta la década de los sesenta en la televisión británica: «Es la diferencia entre un cuento de hadas negro y un cuento de hadas blanco; el cuento de hadas blanco comienza con "Érase una vez...", y el cuento de hadas negro comienza así: "Usted, hijo de puta, no va a creer esta mierda"».

«Usted, hijo de puta, no va a creer esta mierda».

# Romper el chiste de remate

Una de las claves del éxito de *Flying Circus* y de las posteriores películas y espectáculos en vivo de los Monty Python es cómo fueron capaces de demoler todas las reglas del humor. Derrumbaron los cimientos con los que se construía la comedia y los programas de televisión.

Sus *sketches* no tenían la estructura clásica de un programa al uso: presentación, nudo y desenlace, y tampoco seguían un esquema predeterminado; de hecho, no seguían ningún esquema.

Nada en el programa tenía sentido, era «el sinsentido de la vida», el caos hecho comedia, un nuevo género que podríamos denominar «caosmedia». Se basaban en lo que ellos denominaban «el monólogo interior», «un hilo de pensamiento», «una corriente de conciencia» que recorría el programa pero sin ninguna línea argumental.

Para Michael Palin, su comedia «tiene los pies ligeros, se mueve de una idea a otra con gran soltura».

Los programas comenzaban directamente sin títulos de apertura, que luego aparecían en mitad del programa, y los créditos finales muchas veces tampoco aparecían al final. Los *sketches* tampoco tenían final o se transformaban en otro nuevo. Este «no final» fue la marca de «la casa montypythoniana».

Terminar los *sketches* cuando dejaran de ser graciosos, en el momento que fuera, los liberó completamente. Los Monty Python cortaban abruptamente escenas, saliendo del escenario, rompiendo la cuarta pared o incluyendo personajes ajenos al *sketch*; por ejemplo, de repente aparecía un policía golpeándoles con un pollo de goma; Graham Chapman hacía de coronel del ejército; irrumpía una animación de Terry Gilliam, o John Cleese vestido de gala entraba a pronunciar una frase que resumía el espíritu del programa y que se convirtió en una de sus líneas más celebradas y en el título de su primera incursión en el cine, una película de *sketches*: *Y ahora algo completamente diferente* (también conocida como *Se armó la gorda*).

Y acaba este capítulo sin chiste de remate y con un «pie gigantesco»* aplastando la página.

---

* Si queréis ver el original del pie que utilizó Terry Gilliam debéis visitar la National Gallery de Londres. Corresponde a la figura de Cupido, que agarra del pecho y besa en la boca a su madre, Venus, en el cuadro *Alegoría del triunfo de Venus*, del pintor italiano Bronzino.

# 2. *La vida de Brian*. Génesis

La génesis de la película *La vida de Brian* («Life of Brian») es un momento de comedia a la altura de los mejores *sketches* de los Monty Python y se atribuye a una genial improvisación de uno de sus miembros: Eric Idle.

Los integrantes del grupo no se ponen de acuerdo en su origen exacto, aunque se trata de un mito de marcado carácter internacional: algunos dicen que fue en su gira por Canadá, pero el propio Idle asegura que fue en Nueva York; John Cleese afirma que ocurrió durante una comida en el Soho londinense, y Michael Palin la sitúa en un bar de Ámsterdam.

Nosotros nos vamos a quedar con la versión de Terry Gilliam, no por ser la más fidedigna, sino por ser la más épica y cómica, el humor ante todo.

Según el único Monty Python estadounidense, el grupo estaba en un *pub* después de promocionar en Ámsterdam su anterior película, *Los caballeros de la mesa cuadrada*, Eric Idle, cansado de responder siempre la misma pregunta de los periodistas, «¿Cuál será vuestra siguiente película?», respondió con la primera idea que se le pasó por la cabeza en ese momento y dio la siguiente respuesta: «*Jesus Christ: Lust for Glory*» («Jesucristo, ansias de Gloria»).

El resto, es historia de la comedia.

«¿Cuál será vuestra siguiente película?»

El propio Eric Idle data su origen en ese mismo viaje, pero un poco antes de la respuesta a los periodistas. Eric cuenta que su origen fue en un bar, junto a Terry Gilliam, donde empezaron a bromear sobre cómo sería un Jesucristo al que le faltaran las piernas, y las posibilidades cómicas que tendría un personaje así: cómo le crucificarían, las instrucciones que daría como carpintero a quienes le debían construir la cruz, etcétera.

El caso es que el grupo venía de tener una gran aceptación con su anterior película, *Los caballeros de la mesa cuadrada* (1975), y querían hacer otra película aprovechando el éxito de esta parodia de la leyenda artúrica, pero en el seno del grupo ya empezaban a surgir las tensiones y algunos de sus miembros estaban comenzando a trabajar en proyectos ajenos a Monty Python. John Cleese acababa de marcharse de la cuarta y última temporada de su programa *Flying Circus*, y Terry Gilliam había dirigido su primera película en solitario, *La bestia del reino* (1977).

Pero esta idea de Eric Idle no se les iba de la cabeza cada vez que se reunían para trabajar juntos en nuevas ideas. «Jesucristo, ansias de gloria» estaba en el número uno de sus prioridades para desarrollar un trabajo juntos de nuevo.

Organizaron varias reuniones para realizar una «tormenta de ideas» y desarrollar ese título tan prometedor, y todos llegaron a la conclusión de que no podían rodar una película sobre Jesucristo, pues le quitaba comicidad. Alguien tan sabio y comprensivo les alejaba de los personajes que mejor funcionan en comedia, los que se mueven por envidia, codicia, malicia, avaricia, lujuria o simple y llana estupidez.

La primera idea que tomaron en serio fue centrar la película en uno de sus discípulos, el que *a priori* más humor podría aportar, Judas Iscariote, pero la desecharon porque era un personaje que, al intentar desarrollarlo, no funcionaba, estaba demasiado cerca de Jesús.

Descartada esta idea, siguieron buscando en el entorno de Jesucristo personajes que pudieran dar juego para escribir una comedia, y encontraron un punto de partida prometedor: no hacer una sátira de ninguno de los doce discípulos, sino sobre un discípulo trece que no aparecía en las Sagradas Escrituras. El punto de partida era que no aparecía en el Nuevo Testamento por su impuntualidad, siempre llegaba tarde y se perdía los grandes momentos de la vida de Jesucristo, sus sermones, sus milagros o incluso la Última Cena, porque su mujer había invitado amigos a casa. John Cleese era un firme partidario de desarrollar esta idea, pero al final se descartó.

La idea de realizar una parodia de la vida de Jesucristo les seguía entusiasmando, pero no daban con la chispa, el origen, una idea que les permitiera hacer comedia y empezar a escribir el guion de la película. Acordaron darse un par de semanas de tiempo para documentarse sobre la época y leer el Evangelio. Eric Idle, como propulsor de la idea, fue el que llegó más lejos en esa fase de documentación, se vino arribísima, y se leyó incluso los manuscritos del Mar Muerto.

Cuando acabaron de documentarse, todos se volvieron admiradores de la figura de Jesús, lo que dificultaba aún más hacer comedia con el personaje en cuestión. En lo que todos coincidieron después de estudiar esa época fue en un punto común que les gustaba para realizar comedia: el fervor mesiánico que se desarrolló en esa época en Judea, y de ahí no fue difícil pasar a la siguiente fase: ¿y si no se centraban en la vida de Jesucristo y lo hacían en la de otro Mesías?

**«Yo digo que eres el Mesías y de eso entiendo porque he seguido a varios».**

Esta idea, la de otro Mesías, les permitía hablar de la fe, la religión, los populismos y los fanatismos, y, por el mismo precio, evitaban la blasfemia y tenían vía libre para realizar una parodia del cristianismo y la religión sin la figura de Jesús, quien solo aparecería puntualmente para dar contexto a la historia. Habían dado en el blanco.

A esto se sumó otra brillante idea, la de hacer coincidir casi en el mismo sitio y al mismo tiempo el nacimiento de Jesús con el de este nuevo Mesías, Brian, el vecino del hijo de Dios. Ya tenían el punto de partida perfecto para empezar a escribir el guion.

Terry Gilliam, en su libro *Gilliamismos. Memorias prepóstumas*, lo cuenta claramente: «Jesús era buena gente, y no podíamos burlarnos de él así como así. Por lo que al final decidimos crear a Brian, una especie de doble de segunda línea de Cristo».

Por su parte, Terry Jones, en línea con su compañero, afirmó: «Mis sentimientos hacia Cristo son que era un tipo jodidamente bueno, a pesar de que no era tan divertido como Margaret Thatcher».

Aun así, para asegurarse de que no entraban en arenas movedizas con un tema tan espinoso como pudiera ser la burla del cristianismo, el propio Terry Gilliam, que creció en una familia muy religiosa y era el único miembro de los Monty Python que se había leído la Biblia dos veces antes del rodaje —aunque, como él mismo dice, «después preferí la educación a la religión»—, llegó a consultarle la propuesta a su madre, cristiana practicante, quien dio el visto bueno a la idea.

Con la aprobación de la madre de Gilliam, empezaron a escribir el guion con la misma dinámica que aplicaban para la escritura y la reescritura de sus *sketches* en su programa *Flying Circus*. La pareja Michael Palin y Terry Jones fue la que escribió los últimos veinte minutos, la parte final del guion, la más complicada, pero también la que ha dado alguna de las escenas más brillantes de la película: la escena de Poncio Pilatos o el reparto de cruces para la crucifixión.

La escena con Pilatos fue una de las primeras escenas escritas del guion por el propio Michael Palin —que luego la interpretaría— y dio la clave al resto del grupo sobre el tono que buscaban para la película. Pilatos era un personaje muy «montypythoniano» que Palin desarrolló como una parodia de las clases pudientes inglesas.

Tenían un muy buen personaje protagonista, escenas graciosas, una historia que fluía, pero... el final de la película, la crucifixión, se les atragantaba. No querían acabar la película como sus *sketches* televisivos, sin un final cerrado, pretendían un final en alto y brillante, y la muerte de Brian en la cruz no era precisamente un momento de comedia ideal para acabar la película.

Estaban todos reunidos en casa de Terry Jones, pero seguían sin dar con un final apropiado para la película, así que Eric Idle, el miembro con más sentido musical del grupo, propuso acabar con una canción; era una idea genial acabar con un número musical durante una crucifixión para quitarle tensión, el final perfecto, y el resto estuvieron de acuerdo.

Eric Idle quería una canción que fuera un contrapunto a una escena tan intensa como la de Brian crucificado, y para ello propuso una canción alegre, «como de Disney». Volvió a casa y comenzó a escribir una canción silbada, con una letra naíf y buenrollista, así que compuso «Always Look on the Bright Side of Life» prácticamente en media hora. La primera persona en el mundo que escuchó esa ya mítica canción fue su hijo, cuando Eric se la cantó al recogerle del colegio.

Un día después, Eric Idle se la cantó al resto del grupo, que la acogieron entusiasmados. En palabras del miembro más puntilloso del grupo, John Cleese: «En cuanto oímos la canción supimos que era perfecta. Yo diría que el de *La vida de Brian* es uno de los finales más logrados de la historia del cine cómico».

Tenían un final para la película, ¡y qué final!

En las Navidades de 1976 ya tenían su primera versión del guion con el título provisional de *El Evangelio según San Brian*. Aunque a Michael Palin y a Graham Chapman les gustaba más el título *Brian de Nazaret*, que se acabaría desechando porque era demasiado parecido al de la miniserie *Jesús de Nazaret*, de la que casualmente acabarían aprovechando los decorados del rodaje.

En plenas vacaciones navideñas, Eric Idle, el artífice de la idea original de la película, propuso una idea que sería fundamental para acabar la escritura del guion con éxito. Eric estaba en la isla de Barbados, y le propuso al resto del grupo reunirse con él en el Caribe para terminar de pulir el guion.

Fue una oferta que ninguno de los miembros de los Monty Python pudo rechazar. Eso sí, se impusieron unas reglas: «Sin novias, esposas y otros compromisos». Todos viajaron al Caribe para alojarse en una mansión de lujo con mayordomos y servicio completo en la que solía veranear antaño el primer ministro británico Winston Churchill, como señaló Terry Gilliam: «Si uno lo que quiere es escribir sobre religión, lo mejor es rodearse de confort».

Y lo mejor de la idea de Eric Idle es que nadie se podía escaquear del proceso de escritura y que, por primera vez, iban a trabajar juntos en el guion todo el grupo. Esas «convivencias» de lujo, mar y sol ayudaron a afinar el guion, y especialmente afianzar su relación como grupo, que andaba ya un poco deteriorada. Fue, en palabras de Michael Palin, «su última buena experiencia como grupo de guionistas».

Este retiro laboral permitió acabar el guion en tan solo quince días, pero no todo en las Bahamas fue trabajo, también hubo momentos para el ocio y las visitas. Eric Idle, el contacto de los Monty Python con el mundo del pop y del rock, hizo que por Barbados apareciera el mismísimo líder de los Rolling Stones, Mick Jagger, o Keith Moon, el mítico baterista de The Who, que era tan fan del grupo que se unía a los ensayos. Todos juntos jugaban las que podemos considerar las partidas de *Scrabble* con más famosos de la historia: John Cleese, Graham Chapman, Mick Jagger y Keith Moon.

Acabada la escritura del guion, llegaba otro de los momentos importantes en el reparto de actuaciones y tareas en el grupo: elegir los papeles que iba a interpretar cada uno en la película, especialmente el protagonista, Brian.

Todos estuvieron de acuerdo en que Brian fuese interpretado por Graham Chapman, salvo John Cleese, que pretendía el papel principal para él. Graham ya había sido el protagonista de su película anterior, *Los caballeros de la mesa cuadrada*, y tenía esa mezcla de inseguridad, fragilidad, inocencia y de alguien desbordado por los acontecimientos que le hacían sin duda ideal para el papel de Brian.

Graham Chapman, consciente de que era el papel más importante de su vida y de su problema grave de alcoholismo, que a punto estuvo de hacer peligrar el rodaje de su anterior película, asumió el reto de dejar la bebida para este nuevo proyecto. Esto le provocó un *delirium tremens* tan solo dos días después de dejar de beber alcohol, pero llegó «limpio» al rodaje, donde ejerció su actuación de forma profesional, e incluso llegó a convertirse en el médico del rodaje.

John Cleese, por el contrario, al final se quedó con dos papeles importantes: el de centurión y el de Greg, el líder del Frente de Liberación de Judea. Lo llevó mal un par de días, pero asumió que Graham, además de su amigo más antiguo en el grupo, era el intérprete perfecto para representar a Brian.

Para el breve papel de Jesucristo, que solo aparece en la escena del sermón de la montaña, John Cleese llegó con una *boutade* de las suyas y propuso como actor a quien había interpretado una década antes a James Bond: George Lazenby. Incluso les propone la forma de venderlo con una frase explosiva: «George Lazenby es Jesucristo».

La idea era muy graciosa y se lo llegaron a proponer al actor australiano, pero su representante les dio largas diciendo que el actor tenía «la agenda muy ocupada».

Al final, el breve papel de Jesucristo en la película sería interpretado por el actor británico Kenneth Colley.*

Tras el regreso a Inglaterra el grupo había terminado con los malos rollos entre ellos, tenían un guion que les gustaba a todos y, con la fama que les había dado su anterior película y su programa de televisión, no tardarían en encontrar financiación para su rodaje.

Todo parecía ir sobre ruedas, pero, tratándose de los Monty Python, «Nadie espera a la Inquisición española».

* *La vida de Brian* y *Star Wars* tienen varias facetas en común, una de ellas es que el actor Kenneth Colley, además de ser Jesucristo, interpretó al almirante imperial Firmus Piett en *El Imperio contraataca* y *El retorno del Jedi*.

# 3. «La entrada de cine más cara del mundo»

Tras el éxito de *Los caballeros de la mesa cuadrada* (1975), una película de muy bajo presupuesto —solo costó 400.000 dólares— que recaudó más de cinco millones de dólares y tuvo una gran acogida de la crítica, y el éxito de su programa de televisión *Flying Circus*, los Monty Python no tuvieron ningún problema en que la discográfica británica EMI financiara su siguiente proyecto, su segundo largometraje original: *La vida de Brian*.

Entraron en un despacho con el guion bajo el brazo y en un solo día consiguieron el «sí» de la productora. El único problema surgió cuando el capo de la compañía se puso a leer el guion un par de días antes de comenzar el rodaje de la película, cuando ya se había acabado incluso la preproducción, y pocas horas después de que todo el equipo volara a Túnez a comenzar la película.

Bernard Delfont, director ejecutivo de EMI —quédate con este nombre y con su cargo—, después de leerlo pronunció una frase que acabó siendo la más blasfema, con diferencia, de todo el proceso de creación de la película:

«No permitiré que la gente diga que yo me burlé del jodido Jesucristo».

No quería ser la oveja negra de la familia, porque en un giro loco de los acontecimientos daba la casualidad de que un hermano suyo había financiado una famosa miniserie de temática religiosa, *Jesús de Nazaret*, y claro, Bernard no quería aparecer en las cenas familiares como el hermano que había hecho una parodia del gran éxito de su hermano.

El empresario ruso-británico Bernard Delfont rompía así solo unas horas antes del inicio del rodaje el acuerdo que tenía con el grupo para financiar la película y suspendía el rodaje de inmediato. Los Python demandaron a la compañía EMI, aunque al final consiguieron un acuerdo extrajudicial y consiguieron una indemnización, pero a cambio les hicieron firmar una «cláusula de confidencialidad», que los Monty Python siempre citan, porque como ellos mismos recalcan con su peculiar sentido del humor, no hay una cláusula de confidencialidad sobre hablar de que firmaron una cláusula de confidencialidad.

Bernard Delfont añadió a su ruptura de contrato una frase que se quedaría marcada en la memoria de los Python: «¿Quién crees que va a pagar por ver esta basura?». Una frase que le devolvieron como un bumerán en el número musical final de la película, «Always Look on the Bright Side of Life».

Cuando están a punto de aparecer los títulos de crédito se oye a la voz cantante decir la famosa frase: «¿Quién

«¿Quién crees que va a pagar por ver esta basura?»

crees que va a pagar por ver esta basura?», y añade una frase final: «*I said to him, Bernie, they'll never make their money back on this one*» («Se lo dije: Bernie, nunca recuperarán tu dinero con esto»).

Michael Palin confesó que esta reacción de Bernard Delfont fue la que les acabó de convencer de lo necesario que era rodar esta película, ya que esa era la actitud «ignorante e irreflexiva» que justo trataban de denunciar con *La vida de Brian*.

Tras este serio contratiempo viajaron a Estados Unidos, a Nueva York y a Los Ángeles, a buscar financiación, pero nadie se atrevió a arriesgar su dinero con un proyecto tan controvertido *a priori* como hacer una parodia de la vida de Jesús, aunque fuese con un personaje llamado Brian.

Incluso el batería de The Who, Keith Moon, gran amigo del grupo y que había estado en el proceso de escritura en Barbados, movilizó a sus contactos en el mundo de la música buscando mecenas para el proyecto, pero alguien se le adelantó.

Tampoco sería la primera vez que un músico les financiaba una de sus películas, ya que *Los caballeros de la mesa cuadrada* pudo hacerse gracias a que invirtieron en ella algunas de las bandas más famosas de la época: Pink Floyd, Led Zeppelin y Genesis, que se contaban entre los fans del grupo cómico que ayudaron a conseguir el dinero para sacar adelante el proyecto.

# ¿Cuánto estarías dispuesto a pagar para que se haga una película?

Eric Idle recordó entonces que le había enviado una copia del guion al antiguo miembro de The Beatles George Harrison, al que había conocido, junto a Terry Gilliam, en un evento musical mientras promocionaban *Los caballeros de la mesa cuadrada* en 1975 y se habían hecho bastante amigos.

El exBeatle era un fanático del grupo, tanto que —los Monty Python no lo sabían— unos años antes Harrison había enviado una carta a la BBC para felicitarles después de haber visto el primer episodio de su programa *Flying Circus*.

George Harrison por supuesto que había leído el guion de la película que le había enviado su amigo Eric Idle, y le gustó tanto que estaba dispuesto a hacer lo que fuera para que se pudiera rodar.

El músico de Liverpool lo consultó con su mánager comercial Denis O'Brien y decidieron entre ambos financiar la película. Para ello, George Harrison tuvo que volver a hipotecar su mansión neogótica victoriana Friar Park, de treinta habitaciones, y Denis sus oficinas en Londres, y con ello consiguieron el préstamo que hizo posible financiar el filme, cuyo presupuesto era de cuatro millones de dólares.

Eric Idle definió a la perfección esta intervención de George Harrison, con una frase que se haría famosa: fue «la entrada de cine más cara de la historia», aunque esta apuesta al final resultó ser ganadora, pues la película lleva recaudados más de veinte millones de dólares en su trayectoria comercial en los cines.

Para financiar la película crearon una nueva productora: HandMade Films, empresa que siguió trabajando durante tres décadas, con algún cambio de nombre y accionariado, hasta 2010. Así podemos decir que *La vida de Brian* consiguió un milagro, que la productora se convirtiera en un referente del cine independiente británico y que películas como *Mona Lisa*, de Neil Jordan; *El largo viernes santo*, de John Mackenzie; *Lock and Stock*, de Guy Ritchie; *Monjas a la carrera*; *Shanghai Surprise*, o, incluso, el biopic *Manolete* con Adrien Brody o la película española de animación *Planet 51* pudieran rodarse.

Por cierto, el icónico logo de la productora de una mano con un dedo índice/objetivo señalando y convertida en una cámara de cine sobre un trípode es una creación de otro miembro de los Monty Python: Terry Gilliam.

Este, además del logo, fue el director que realizó una de las primeras películas de la productora, *Time Bandits* («Los héroes del tiempo») en el año 1981, con una canción del propio George Harrison en la banda sonora: «Dream away». Todo quedaba en casa.

El propio George Harrison acabaría haciendo un cameo muy peculiar en *La vida de Brian* de tan solo quince segundos y muy relacionado con su rol como productor en la película: aparece en una escena multitudinaria junto a John Cleese y su amigo Eric Idle interpretando al señor Papadopoulos, el dueño de la montaña que les va a prestar el domingo para el sermón.

Solo tiene una palabra de diálogo, una especie de saludo, que además tuvo que ser doblada a posteriori por Michael Palin. Tener un Beatle en tu película, que diga una frase y encima doblarla es algo que solo podían hacer los Python. George Harrison, a pesar de ser el artífice del filme, ni siquiera aparece en los títulos de crédito.

Sin embargo, este no fue el único cameo del exBeatle con sus amados Monty Python. George también interpretó «Lumberjack Song», la canción del leñador, vestido con su uniforme de la Policía Montada del Canadá con el resto del coro, en uno de los espectáculos en vivo del grupo. Nadie le reconoció.

Pero las coincidencias y los homenajes mutuos entre los Beatles y los Monty Python no acaban ahí.

## Monty Python, los Beatles de la comedia

El 26 de septiembre de 1969 se lanzó el último disco de los Beatles: *Abbey Road*, y tan solo unos días después, el 5 de octubre, se estrenaba *Flying Circus* de los Python en la BBC.

George Harrison consideraba a los Monty Python sus «herederos naturales», por su espíritu transgresor, su pose de estrellas y sobre todo por su importancia y relevancia cultural y artística en el Reino Unido y en el planeta. El impacto que habían tenido los Python en el mundo de la comedia para George era similar al que habían tenido ellos con The Beatles en la música.

Además, los dos grupos tenían muchas influencias culturales en común, como su adoración por el humor surrealista del mítico programa de radio de la BBC *The Goon Show*, del director Richard Lester.

Tantas eran sus influencias comunes que Terry Gilliam se inspiró en una secuencia de la canción «Eleanor Rigby» para realizar sus animaciones de la cabecera de la serie *Flying Circus*.

Eric Idle, junto a Neil Innes,* dirigió en 1978 *All you need is cash*, un falso documental para televisión que cuenta la historia de un grupo musical, The Rutles, una parodia de los Beatles.

El documental narra la vida y la carrera musical de este grupo falso en paralelo al de los Beatles. Así, «Yellow Submarine» se convierte, por ejemplo, en «Submarine Sandwich». Eric Idle es la parodia de Paul McCartney y su compañero en la dirección, Neil Innes, la de John Lennon. También tiene un breve papel otro miembro de los Python, Michael Palin.

El documental tiene además un nivel de cameos impresionante. Aparecen varios integrantes de los Rolling

* Neil Innes es considerado el séptimo Monty Python. Compuso algunas canciones para el grupo e intervino en sus programas y películas.

Stones, como Mick Jagger y Ronnie Wood, músicos como Paul Simon o los cómicos Bill Murray, John Belushi y Dan Aykroyd (años más tarde los dos últimos formarían el dúo musical The Blues Brothers).

El propio George Harrison hace de entrevistador, pero además de George Harrison había otro miembro de The Beatles igual de fanático de los Python, John Lennon. Atención a sus declaraciones cuando le preguntaron en una entrevista por sus referentes en el mundo de la televisión:

*I love* Fawlty Towers. *I'd like to be in that. Part of me would sooner have been a comedian. I just don't have the guts to stand up and do it but I'd love to be in Monty Python rather than The Beatles.* Fawlty Towers *is the greatest show I've seen in years.*

(«Adoro *Fawlty Towers*. Me gustaría dedicarme a eso. Una parte de mí hubiera preferido ser comediante. Simplemente no tengo las agallas para levantarme y hacerlo, pero me encantaría estar en los Monty Python en lugar de en los Beatles. *Fawlty Towers* es el mejor espectáculo que he visto en años»).

John Cleese, el creador y protagonista de la *sitcom Fawlty Towers*, confesó después sobre estas declaraciones de amor de John Lennon: «No sabía que en ese tiempo John fuera un fanático. Pero yo soy muy ajeno a la música y, por alguna razón, no me gusta el rock, que es casi una herejía».

El círculo divino se cierra. George Harrison, un miembro de los Beatles, de los que John Lennon dijo que eran «más populares que Jesucristo», acabó financiando y haciendo posible el rodaje de la película que se convirtió en la mejor parodia sobre el nacimiento del cristianismo.

# 4. El rodaje

Superado el susto de la financiación de la película, los miembros del grupo no querían sufrir en este rodaje tanto como lo hicieron durante el rodaje de *Los caballeros de la mesa cuadrada*. Aún recuerdan todos aquel infierno, con cámaras rotas, caminatas eternas en el barro, una lluvia constante que tuvieron que aguantar enfundados en sus disfraces de lana empapados, sin ducha caliente en el hotel y, para rematar, un Graham Chapman alcoholizado que no era capaz de recordar ni siquiera sus líneas de diálogo.

Con Chapman ya sobrio después de haber dejado el alcohol, y con un rodaje en el norte de África —concretamente en Túnez—, lo que les aseguraba unas condiciones meteorológicas ideales, el siguiente problema para arrancar el rodaje era la dirección de la película.

Todos tenían claro que esta película debía tener un solo director, pues la fórmula de dirigir por parejas que habían intentado en su anterior filme acabó siendo un desastre por el reparto de tareas y los egos de los dos directores, los dos Terrys: Gilliam y Jones.

Terry Gilliam ya había dirigido en solitario *La bestia del reino* con actores profesionales, como él mismo remarcaba, y tenía la creencia de que el resto del grupo «no pensaba en términos cinematográficos», por lo que no quería codirigir de nuevo a un grupo de cómicos anarquistas, por muy compañeros suyos que fueran. Además, seguía dolido con su tocayo Terry Jones por las decisiones artísticas que había tomado cuando codirigieron juntos su anterior película, *Los caballeros de la mesa cuadrada*, así que la elección estaba decidida: Gilliam se convirtió en el director de arte mientras que la película la dirigiría su compañero Terry Jones, el preferido por el resto del grupo por su capacidad para dirigir *sketches* de humor.

Terry Gilliam era desde joven un gran aficionado al cine histórico de aventuras, el *péplum*, también conocido como el «cine de espada y sandalia», y pensaba que para realizar una buena parodia de una tradición como las películas de época debían ser creíbles y poseer tanta calidad y ambición como las originales.

Por este motivo, el estadounidense se centraría en la dirección artística y en la parte visual de la película, como sus ya famosos títulos de crédito animados, y además acabaría dirigiendo dos grandes escenas de la película: la primera de los Reyes Magos y la muy aclamada escena de ciencia ficción con los extraterrestres y la nave espacial.

De todas formas, Gilliam se quejaría después de la forma de rodar de Terry Jones, en la que filmaba muchos planos cortos que deslucían su trabajo de ambientación.

De hecho, a Terry Gilliam sus compañeros le llamaban «el disoñador», porque no paraba de crear decorados que luego no aparecían en la película.

Terry Gilliam cuenta en sus memorias que había escenas, como la de Pilatos, para la que construyó un decorado imposible, creando una habitación romana de líneas rectas en un edificio judío de tres plantas, que prácticamente no se aprecia en la película.

Terry Jones y Terry Gilliam se volvieron a pelear en la fase de montaje, Gilliam era consciente de que su trabajo no se mostraba con la grandeza que él esperaba, pero acabó aceptando que la película obtuviese un buen equilibrio entre sus «ambiciones y perspectivas barrocas y la sensibilidad más pragmática de Terry Jones».

Repartida la dirección, el grupo se enfrentaba al reto de interpretar nada menos que a cuarenta personajes distintos entre los seis actores principales.

Terry Jones, además de dirigir la película, interpretó cinco papeles, el más importante el de «Mandy Cohen», la mismísima madre de Brian, el personaje principal que da nombre a la cinta.

Terry Gilliam, por su parte, compaginó su dirección de arte y el diseño de las secuencias de animación con la interpretación de cinco personajes en la película, entre ellos el de uno de los profetas y el de carcelero.

Graham Chapman, además del papel principal, «Brian

Cohen», sería también el archiconocido «Pijus Magníficus» (risas ahogadas) y el segundo Rey Mago.

Eric Idle interpretó una gran variedad de papeles, desde «Stan» (también «Loretta») hasta el vendedor que regatea, pero si os fijáis es también el hombre con barba, perdón, «la mujer», que tira la primera piedra en la escena de la lapidación.

John Cleese no se pudo hacer con el papel protagonista de Brian, pero a cambio tiene algunos de los personajes más reconocibles de la película, especialmente el de «Reg», el líder del Frente Popular de Judea —«¡Disidente!»—, y también hace de primer centurión, de sumo sacerdote en la lapidación y es el primer Rey Mago.

Pero el que se lleva la palma en cuanto a caracterizaciones es Michael Palin; nada menos que diez personajes interpreta en la película: desde Poncio Pilatos hasta «Mr. Narizotas», pasando por un falso profeta, el tercer Rey Mago y, por supuesto, su mítico exleproso.

Uno de los intérpretes que barajaron para que hiciera un cameo fue el músico amigo del grupo, Keith Moon, el baterista de The Who. Su papel iba a ser el de unos de los profetas callejeros que usa Brian para huir de las autoridades. Moon estaba entusiasmado con su papel, pero falleció el 7 de septiembre de 1978, apenas unos días antes de comenzar el rodaje, por una sobredosis de pastillas en su casa de Londres. Su papel lo acabó interpretando Terry Gilliam. De hecho, una de las versiones publicadas del guion de la película está dedicada a Keith Moon.

Cerrado el reparto, todo estaba listo para rodar en Túnez. El rodaje comenzó el sábado 16 de septiembre de 1978. Cuarenta y un días de rodaje, gran parte de ellos en exteriores y en escenarios naturales. Las localizaciones en Túnez eran espectaculares.

En la localidad de Susa se rodó la parte de la puerta de la entrada y los muros de Jerusalén, y en la ciudad de Matmata, el sermón de la montaña y la escena final de la crucifixión de Brian. La mítica escena del Frente Popular de Judea —«¡Disidentes!»— se rodó en un lugar a la altura de la leyenda de ese momento de la película: el anfiteatro romano de El Djem.

Para abaratar costes se aprovecharon los decorados y el vestuario de la miniserie de época *Jesús de Nazaret*, que el director italiano Franco Zeffirelli había rodado allí tan solo un año antes. Y no solo se reciclaron decorados y vestuario; a Terry Jones le facilitó mucho la tarea de dirección de actores que todos los extras también hubieran trabajado previamente en la serie televisiva.

Es más, según decía el propio Jones, esos ancianos tunecinos le podían haber dicho cuando les daba las indicaciones para sus actuaciones: «Bueno, el señor Zeffirelli no lo habría hecho así, ya sabes».

Aunque no debemos olvidar el estupendo trabajo del equipo técnico, entre ellos, el del director de fotografía Peter Biziou, el editor de montaje Julian Doyle y los diseñadores de vestuario Hazel Pethig y Charles Knode.

Fue un rodaje tranquilo, divertido y, como se encargó de reflejar en sus memorias el propio John Cleese, quizás el miembro más puntilloso del grupo: «El rodaje más placentero de mi vida, me lo pasé en grande».

## «¿Alguien ha dicho Jehová?»

La primera escena que se rodó de la película fue una de las más míticas y más criticadas: la lapidación por blasfemia, y la tenían rodada antes de la comida. ¡Gracias a Jehová!

(Unas mujeres con barbas postizas comienzan la lapidación por blasfemia).

Una de las escenas más recordadas de la película es la de Poncio Pilatos cuando se enfrenta a sus propios soldados. La comicidad de la escena creció porque es una escena improvisada por Michael Palin, quien hacía de Pilatos.

La única indicación que el director Terry Jones dio en esa escena fue pedir a los extras disfrazados de soldados romanos que dijera lo que dijera Poncio Pilatos —Michael Palin— debían permanecer absolutamente callados e intentar contener la risa. Ninguno sabía qué iba a decir el prefecto.

Las reacciones que se ven en la película son las reacciones reales de los extras cuando se rodó la escena y eso la hace tan especial y memorable. Un ejemplo de cine de realidad, de *cinema verité*.

«A veg, tú, ¿te paguece guisible?»

Otro ejemplo de *cinema verité* ocurrió en el rodaje durante la escena del sermón de la montaña. Terry Jones y el resto del equipo veían cómo las mujeres que hacían de extras en la multitud que escucha a Jesús se van marchando todas del set. No daban crédito.

La explicación es que debían regresar a sus casas a preparar la cena porque se estaba poniendo el sol. El rodaje continuó y las mujeres fueron volviendo al set de rodaje después de haber preparado la cena.

Ese momento queda inmortalizado en la película y le da más fuerza a la escena, pues comienza el sermón y un grupo de mujeres se acerca a toda prisa hasta el monte. Esa expectación por escuchar a Jesús no hubiera salido mejor ni ensayada.

## «A adorar a otra parte, leche».

Después de rodar la primera toma de la famosa escena en la que Graham Chapman sale desnudo al balcón y se dirige a la multitud, el director Terry Jones se acercó al actor y en un aparte le dijo: «Graham, salta a la vista que no eres judío».

El motivo era porque no tenía el pene circuncidado.

Para solucionarlo, en las siguientes tomas le colocaron una goma que dejara a la vista su glande para simular que el pene de Graham era un miembro de la comunidad judía.

El propio Chapman cuenta que esa escena no fue precisamente una de sus preferidas del rodaje: «Recuerdo un momento de vergüenza increíble. El tema de la exposición genital no me plantea ningún problema, pero la mitad de esa multitud de extras tunecinos eran mujeres. Y a las mujeres musulmanas les está prohibido por el Corán ver "esas cosas", así que cuando abrí los postigos, la mitad de la multitud se escapó gritando. Eso tuvo un profundo efecto en mi psique».

Para la escena en la que la nave espacial rescata a Brian, el director Terry Jones propuso al resto del grupo que se haría con animación, pero Terry Gilliam, que ya había rodado *La bestia del reino*, les propuso hacerla con una nave de verdad. Gilliam ya estaba harto de las animaciones y quería probar con nuevos retos, aunque luego afirmó que estaba muy orgulloso de las animaciones que hizo para *La vida de Brian*.

Toda la película se rodó en Túnez, salvo esa escena del platillo volante, que se filmó en Londres. Pero existía un problema: Graham Chapman tenía su residencia oficial en Estados Unidos, y por razones tributarias no podía pasar más de veinticuatro horas seguidas en el Reino Unido. Así que Chapman cogió un avión desde Los Ángeles, aterrizó en Londres, desde donde lo llevaron directamente a un estudio a las afueras de la capital, le vistieron de Brian, lo metieron en el set de la nave especial, donde grabó la escena y esa misma noche voló de vuelta a Los Ángeles.

Como recordaba el mismo Chapman: «Me metieron en una caja vestido de Brian y me dieron muchas sacudidas. No estuve en Inglaterra ni veinticuatro horas, y ocho de ellas las pasé dentro de una caja».*

La escena espacial no fue barata, y tras rodarla ya no les quedaba presupuesto. Si os fijáis, cuando se estrella la nave en los escombros se pueden distinguir restos del decorado de la película, como columnas romanas e incluso faros de una chatarrería tunecina, y hasta el parasol de un coche de un miembro del equipo.

Tiempo después, estando Terry Gilliam de promoción en Estados Unidos, se encontró en la ciudad de San Francisco al mismísimo George Lucas, cuyo filme *Star Wars* había sido su referente para plantear y rodar la escena de la nave espacial. Lucas había visto la película y le felicitó por esa escena; Terry le explicó que la había grabado solo con efectos de cámara, sin técnicos de efectos especiales, y que había hecho las explosiones vaciando la carga de cientos de cigarrillos de broma que adquirieron en una tienda. Lucas no daba crédito a tamaña invención casera.

Y una sorpresa de última hora en el reparto: Spike Milligan, el cómico estrella del programa de radio *The Goon*

* La «caja» era el decorado de la nave, un set de seis metros de ancho por ocho de largo.

*Show* de la BBC que tanta influencia tuvo en el grupo, se encontraba de vacaciones en la localidad tunecina de Monastir, donde estaban rodando.

Spike Milligan quería alojarse en el hotel, pero estaba lleno por el rodaje de la película. Se acercó a visitarles y le ofrecieron un papel inmediatamente, para que hiciera un cameo como profeta abandonado. Milligan aceptó, rodó su escena y, cuando fueron a buscarle después de la pausa de la comida para grabar los planos cortos, ya se había marchado sin despedirse.

—¿Crucifixión?
—Sí.
—Bien, salga por esa puerta, colóquese a la izquierda, una cruz por persona.

La rutina de los tres días de rodaje que duró la escena final de la crucifixión fue como una de las escenas de la propia película: los Monty Python llegaban al rodaje, se caracterizaban de sus personajes y algún miembro del equipo les preguntaba: «¿Crucifixión?», y les marcaba el lugar donde había una cruz con su nombre para subirse a ella.

El rodaje era temprano, hacía frío, no era muy confortable y, sobre todo, la peor parte: «Si tenías ganas de mear, tenías que gritar: "Por aquí, rápido, por favor. ¡Tengo que bajarme!". El problema es que había más de treinta personas crucificadas pero solo tres escaleras, y nunca estaba ninguna libre».

Aunque para otros integrantes del grupo, como Eric Idle, fue una experiencia casi religiosa: «Pasar tres días crucificado fue una experiencia muy enriquecedora espiritualmente».

## «La crucifixión no me asusta, por lo menos es al aire libre».

Pero además de por estar crucificados, esa escena fue un suplicio por otra razón: algunos de los actores estaban enfermos, especialmente John Cleese, aquejado de una fuerte gripe, como expresó muy elocuentemente tras el rodaje: «Por si no bastaba con esta gripe de mierda, ahora van a crucificarnos». Por este motivo, Cleese es el único que aparece vestido en esa escena.

El mítico tema «Always Look on the Bright Side of Life» tuvo que volver a grabarse durante el rodaje.

Eric Idle se dio cuenta de que la había grabado con una voz demasiado seria y no funcionaba, así que la volvió a grabar con un tono más pícaro, con la voz del personaje que la canta, en la habitación del hotel en el que estaban hospedados en Túnez y forrando las paredes con colchones para obtener una mejor acústica.

La escena de la crucifixión se rodó en Matmata, cerca del mismo lugar donde años antes se habían rodado algunas de las escenas de la primera película de *Star Wars*. Es poético pensar que cerca de donde murió crucificado Brian fuese el mismo lugar donde nació la leyenda del joven Luke Skywalker.

«¡Hijo, date prisa o le habrán lapidado cuando lleguemos!»

El rodaje fue documentado por el productor británico Iain Johnstone para su película de la BBC *The Pythons*, y fue definido por todos sus miembros como la época más feliz del grupo desde las dos primeras temporadas de *Flying Circus*.

Pero si el rodaje de *La vida de Brian* comenzó con la escena de la lapidación, el estreno de la película también iba a comenzar con esa escena. Lector, ponte cómodo, porque la realidad está a punto de superar, una vez más, a la ficción.

# 5. «No es el Mesías, es un sinvergüenza»

Según una encuesta del año 2002 realizada en el Reino Unido, la frase de guion favorita de los británicos de la película es: «No es el Mesías, es un sinvergüenza».

Una línea de diálogo que es todo un referente, dicha por la mismísima madre de Brian, «Mandy Cohen» —interpretada por el director de la película, Terry Jones—, aunque este no tenía tan claro que esa frase funcionaría tan bien. La primera vez que tuvo que decirla en el rodaje fue frente a una audiencia de mujeres tunecinas de habla árabe, a las que no les pareció una frase graciosa en absoluto. Terry Jones, al saber el resultado de la encuesta, afirmó que para él fue un alivio saber que esa frase suya funcionaba después de tantos años de incertidumbre.

Pero no es la única frase memorable de una película plagada de líneas de guion y escenas que han pasado a la historia de la comedia. La película empieza con una decisión muy inteligente de los Monty Python. Una escena rodada por Terry Gilliam muy cuidada por música, ambientación y vestuario imitando perfectamente el estilo de una película religiosa de época. Los Reyes Magos llegan al establo donde acaba de nacer el Mesías, hasta que el susto de la madre de Brian al encontrárselos en su casa cambia el estilo de la película completamente y nos mete de lleno en la comedia.

### «Vale, ¿y qué hacéis dando vueltas alrededor de un pesebre a las dos de la mañana? Pues menuda mierda de magia».

Esta primera escena es la que marca todo el tono de la película y es la que deja claro que no vamos a ver la vida de Jesucristo, sino la de Brian Cohen, una vida marcada por la confusión con su vecino de establo y por una madre ruin y castradora.

Los Monty Python no se cortan en esta primera escena, que está llena de avaricia —la madre de Brian es un personaje mezquino— y de violencia —un Rey Mago tira al suelo a la madre de Brian de un empujón y la propia madre le arrea un guantazo a su hijo recién nacido—.

El grupo humorístico británico está dispuesto a dejar claro que en esta película no se van a andar con sutilezas. Van con todo.

Después de esta escena llegan los títulos de créditos animados por Terry Gilliam marca del grupo donde, como en el Nuevo Testamento, pasan de puntillas, y con una canción, por la infancia y la adolescencia del Mesías, para presentarlo ya como adulto.

## «Bienaventurados los queseros».

Nos situamos en el año 33 d.B. (después de Brian).

Esta es la segunda y última vez en la que aparece el personaje de Jesús en la película, dando el sermón de la montaña. En las dos escenas se cuida mucho la luz y la música para mostrarle como una figura respetable.

La comedia, como siempre, llega cuando se dan unos pasos hacia atrás para observarlo todo desde otra perspectiva, se abre plano y se ve y se oye, mal, el mensaje del hijo de Dios. Transformar lo solemne en cómico solo es cuestión de cambiar el punto de vista del espectador. Los Monty Python demuestran aquí que también saben bajar al barro y que les gusta hacer chistes de «narizotas».

Esta escena, bastante violenta también, nos sirve de presentación del personaje de Brian y de su interés amoroso: Judith.

## «Dijiste ¡Jehová!»

La siguiente escena nos mete de lleno en el ambiente de caos de Judea en esa época; hasta los romanos se muestran como espectadores aburridos del caos de la región.

Es la famosa escena de la lapidación, en la que dejan constancia ya en la primera parte de la película de la hipocresía de las religiones y el absurdo de los dogmas llevados hasta las últimas consecuencias. Un aviso para navegantes ya en la primera parte de la película.

> —¿Exleproso?
> —Me curé. Fue un jodido milagro.

La escena del exleproso estuvo a punto de eliminarse porque este se refiere a Jesús como un *«bloody do-gooder»* («maldito bienhechor») cuando le cura haciendo un milagro, y de esta manera le deja sin la forma que tenía hasta entonces de ganarse la vida.

Es una de las mejores lecciones de cómo escribir un gag de comedia que hay en la película: darle la vuelta a un milagro para encontrar su parte negativa y a la vez cómica. El resultado es muy brillante, a lo que hay que sumarle la interpretación espídica y saltarina de Michael Palin.

> «Soy un judío, un kosher, un nariz ganchuda, un orgulloso caminante del mar Rojo».

Tras este *tour de force* cómico e interpretativo llegamos al punto que marca el arco del personaje de Brian y sus motivaciones, todo ello aderezado con chistes de prostitución y violaciones políticamente incorrectísimos, y a una de las escenas favoritas de Terry Gilliam.

La revelación de la madre de Brian a su hijo de que no es un Cohen, sino que su origen es romano, y la reivindicación de Brian de su orgullo judío utilizando todos los tópicos sobre judíos.

Gilliam confiesa en sus memorias que no puede evitar reírse cada vez que ve a Brian emplear todos esos insultos antisemitas en sentido positivo hacia sí mismo.

### «Lo siento, no tengo pipas. Tengo higadillos de erizo y bazos de ocelote... ¿Quieres morros de nutria?»

Llegamos a una de las escenas cumbre de la cinta, sin duda la más parodiada y que más repercusión, sobre todo política, ha tenido de la película. El *sketch* definitivo sobre la separación en diferentes facciones de las distintas corrientes de izquierdas separadas por detalles. Un clásico imperecedero.

Los Monty Python demuestran en esta escena que van a hacer humor con todo, y con todo nos referimos a todo, en todas direcciones, de izquierda a derecha y de arriba abajo: las peleas internas entre facciones de la izquierda y sus purgas, la identidad sexual, la lucha contra la opresión —o la realidad—, la comida imperialista...

No dejan títere con cabeza en su crítica, un rasgo que ha sido siempre la quintaesencia del grupo de cómicos británicos.

### «¿Qué es esto?, ¿romanes eunt domus?, ¿gente llamada "romanos ir la casa"?...

Romaní íte domum. Y ahora escríbelo cien veces. Si no está listo al amanecer, te corto los cojones».

Los Monty Python cambian en su siguiente escena la lucha de clases por la lucha de frases. Brian intenta hacer méritos para entrar en el Frente Popular de Judea realizando una pintada en los muros del palacio romano, adaptando el mítico eslogan «*Yankis go home*» pero al latín. En esas aparece el centurión imperialista, más preocupado por las formas y por una correcta declinación del latín que por el fondo de las protestas.

Otra crítica en doble dirección y otro *sketch* brillante marca de la casa.

«Bueno, pero aparte del alcantarillado, la sanidad, la enseñanza, el vino, el orden público, la irrigación, las carreteras y los baños públicos, ¿qué han hecho los romanos por nosotros?»

La persecución de Brian termina en otro clásico del humor político: la escena del célebre «¿Qué han hecho los romanos por nosotros?», que se ha versionado y parodiado hasta la actualidad.

El propio primer ministro británico Tony Blair llegó a utilizarla en un discurso en el Parlamento de Westminster. Una crítica de que las críticas llevadas hasta el absurdo son pura comedia.

«De noche, colgado, sueño con que me escupen la cara».

La escena concluye con la aceptación de Brian en el grupo de disidentes y el intento de secuestro de la mujer de Pilatos, que acaba en otra pelea entre las facciones disidentes y con Brian en los calabozos.

Allí se encuentra con un prisionero, excelentemente interpretado por Michael Palin, que compite con Brian en humillaciones y castigos y con un acusado síndrome de Estocolmo.

Esta escena es una de las mejores muestras de una de las señas de identidad de los Monty durante toda su trayectoria: parodiar a los conformistas, a los abducidos por los poderosos a pesar de su situación. Brillante.

Un recurso que utilizaron en otros *sketches* memorables, como en el de «Los cuatro hombres de Yorkshire», que solían hacer en sus *shows* en vivo. Una excelente pieza de humor de cuatro burgueses que presumen y compiten hasta el absurdo por ver quién de ellos ha tenido una infancia más difícil.

## «¿Encuentras risible que yo digo el nombre Pijus Magníficus?»*

Llega el momento de la escena de Poncio Pilatos, una

---

* «Pijus Magníficus» fue la divertida y celebrada traducción al español del nombre original del amigo de Poncio Pilatos: «Biggus Dickus» (traducido como «pene enorme»). El nombre de su esposa, «Incontinencia Suma», es la traducción de «Incontinentia Buttocks» en la versión inglesa.

creación del propio Michael Palin, y uno de los pocos personajes históricos de la película.

El propio Palin recuerda su proceso de creación y en qué se basó para dar forma a esta interpretación tan especial: «Poncio Pilatos era un personaje histórico legítimo, parte de la historia de la Biblia. ¿Cómo tratas con este hombre? Era clase dominante, como la clase dominante británica, muy a menudo distinguida a través de alguna endogamia aristocrática por dificultades vocales de algún tipo».

Otra muestra más de la forma de trabajar el humor de los Monty Python: crear el personaje a partir de una de sus características de clase que entronca a las clases dominantes de la Antigüedad con las actuales.

Esa forma de hablar tan endogámica es la que da juego para una escena que recordaremos por la excelente improvisación de Michael Palin que nos hace contagiarnos de la risa irreprimible de los soldados romanos.

## «Maldito afortunado».

La huida de Brian da lugar a la secuencia probablemente más loca y más *flyingcircusiana* de la película.

Un sinsentido total, sin diálogos, en el que una nave espacial con unos curiosos extraterrestres recogen a Brian y se estrellan poco después con él tras una breve batalla espacial. Una locura con el sello inconfundible de su creador: Terry Gilliam.

## «Y el demonio portará una espada de nueve hojas. Nueve. Ni dos ni cinco ni siete, inueve!»

Y llegamos a uno de los momentos clave de la película. El *late motiv* y uno de los puntos de partida de *La vida de Brian*. La secuencia de los falsos mesías.

Varios mesías compiten en teorías locas para conseguir su propio grupo de seguidores. Brian descubre que un par de frases dichas en el momento oportuno delante de una audiencia entregada te convierte en un Mesías. En esta escena está el eje que mueve toda la película, su razón de ser. Cualquiera se puede convertir en un mesías en tiempos de incertidumbre, la superchería elevada a religión. Un mensaje demoledor.

Tras esta escena siguen dos más que son un breve interludio humorístico.

La primera es el *sketch* del comerciante indignado porque su cliente no regatea, o la enésima confirmación de que darle la vuelta a una situación habitual es el germen perfecto para conseguir un número de comedia perfecto.

Y una escena que termina muy al estilo absurdo del remate de los *sketches* de *Flying Circus*, con un registro en el que los romanos en una habitación repleta de disidentes ocultos de forma grotesca solo encuentran una cuchara. El remate del centurión es sensacional: «Buen trabajo, sargento».

Brian comienza su desastrosa carrera como Mesías, que acaba con sus seguidores idolatrando su calabaza y

«La sandalia es la señal, sigamos su ejemplo».

su sandalia. La escena de la sandalia que se deja en su huida Brian, y que se convierte en un objeto de veneración para sus seguidores, es para John Cleese una de las mejores escenas de la película; para él es un resumen de «la historia completa de la religión en dos minutos y medio».

Un torpedo en la línea de flotación de las religiones. De hecho, un icono de esa escena, una mano con la sandalia en alto, fue la imagen elegida en algunos países —como Polonia— para ilustrar el póster de la película y la portada de este libro. Un icono.

> «Mierda, mierda y doble mierda...
> Llevo dieciocho años aquí, haciendo penitencia,
> sin pronunciar una palabra y vienes tú
> y lo jodes... ¡¡¡Mierda, mierda, mierda!!!»

El eremita con voto de silencio es solo un paso más en la escalada del absurdo que convierte a Brian en un Mesías.

Esta secuencia con los seguidores dispuestos a creer en milagros de andar por casa si provienen de Brian es una muestra más de otra definición de lo que conlleva la fe ciega y los argumentos llevados hasta las últimas consecuencias que tanto han parodiado los Monty Python.

Y tiene una argumentación de guion que podría ser una de las frases que resumen toda la película a la perfección: «Yo digo que eres el Mesías, y de eso entiendo, porque he seguido a varios».

Inapelable.

## «No es el Mesías, es un sinvergüenza».

Amanece, y Brian, además de haber descubierto el amor con Judith, descubre —desnudo frente a cientos de seguidores— que no puede librarse de su mesianismo.

Se produce un diálogo entre Brian y sus seguidores en el que este insiste en su individualidad, que no tienen que seguir a nadie y pensar por sí mismos, argumentos que son repetidos sin pensar por la muchedumbre que, a pesar de su contenido humorístico, es una definición perfecta del funcionamiento de una secta.

Otro torpedo a las religiones.

Brian descubre que no puede huir de su destino. Es una carrera hacia el absurdo que acaba con Brian detenido por los romanos. Tras un par de escenas de transición con Poncio Pilatos y las discusiones del Frente Popular de Judea que ahondan en la parodia de los movimientos revolucionarios de salón que se pasan la vida discutiendo sobre una acción inmediata, «después de votar», llega el tramo final de la película, la crucifixión de Brian.

–¿Crucifixión?
–No, libertad.
–Qué bien, puedes irte.
–No, era una broma, es crucifixión.

Un diálogo que ahonda en un clásico de los Monty Python, la burla de la burocracia y cómo desmontar y cuestionar un sistema establecido con una simple broma.

Una crítica con humor al sistema establecido y al poder que es una de las señas de identidad del grupo y que se refuerza en la siguiente escena con el pueblo riéndose de sus gobernantes.

El propio director, Terry Jones, tuvo que tirarse al suelo con las piernas en alto para mostrarles a los extras locales cómo quería que fuera la acción de la escena.

Michael Palin, el creador e intérprete de Poncio Pilatos, refuerza una de las actitudes del personaje con su cualidad humorística: «Pilatos nunca reconoce que tiene un problema en absoluto».

La escena del crucificado que se aprovecha del buen samaritano para escaquearse es puro ADN Pythoniano, como el Lazarillo, el pillo callejero que se sale con la suya gracias a su ingenio.

Las escenas del posible rescate de Brian son una muestra más de la inutilidad del Frente Popular de Judea y su gusto por los mártires, que culmina con ese ridículo agradecimiento cantando a Brian: «Porque es un buen compañero y nadie lo puede negar».

«Yo soy Brian,
y mi esposa también».

Darle la vuelta a la mítica escena de «Yo soy Espartaco», un canto a la solidaridad, y parodiarla para convertirla en un «Yo soy Brian, y mi esposa también», es una genialidad.

Utilizan la misma fórmula de la película de Kubrik para convertir su icónica escena trágica memorable en una escena cómica insuperable.

Sustituir la generosidad por la ruindaz y el sálvese quien pueda siempre es una apuesta ganadora en comedia, y los Python lo saben.

El penúltimo *sketch* es la entrada en acción del Frente del Pueblo de Judea, que convierte su suicidio colectivo en un *sketch* brillante, aunque deslucido por la eliminación de su líder Otto en la sala de montaje. Otra escena cerrada con un chiste final brillante: «Así aprenderán».

Tenemos a Brian crucificado, sin esperanza, abandonado por su madre, su novia, sus compañeros de lucha... En el momento de desesperación máxima los Monty Python hacen un canto, nunca mejor dicho, al optimismo, y a sobreponerse de la tragedia con la comedia.

El humor es la única salida.

«Mira siempre el lado alegre de la vida».

# 6. «Always Look on the Bright Side of Life»

El tema final de *La vida de Brian* se ha convertido en un himno al optimismo y a la superación de las adversidades.

El propio autor, Eric Idle, lo cantó, junto al resto de sus compañeros, al término de la ceremonia del funeral de Graham Chapman, que falleció en 1989 debido a un cáncer de esófago.

Idle explica que la canción tiene una cualidad muy británica: mostrar lo mejor de ellos mismos cuando las cosas se ponen mal.

Como él mismo cuenta en sus memorias: «La mayoría de nosotros nacimos durante la Segunda Guerra Mundial, sabemos lo que es tener miedo, pero también que la reacción británica consiste en animarse, así que me puse a escribirla silbando con alegría. Sabía algunos acordes de jazz, por lo que hice un riff sobre esos acordes».

Un ejemplo muy significativo de esta cualidad de resiliencia de la canción y de los británicos es la siguiente anécdota:

Los marineros a bordo de dos barcos de guerra, los destructores HMS Sheffield y HMS Coventry, la cantaron a voz en grito en 1982 mientras esperaban el rescate después de que sus embarcaciones hubieran sido hundidas durante la Guerra de las Malvinas, cerca de la Antártida.

La canción tiene versiones por parte de cientos de músicos de diferentes estilos, desde el punk de Green Day al cantante Harry Nilsson.

Algunos grupos la tienen como repertorio en sus conciertos: Dire Straits la tocaba en sus giras y es habitual que la banda británica de heavy metal Iron Maiden acabe sus conciertos con su particular versión de este tema.

La canción, además, tiene una relación con el mundo del deporte muy peculiar. Es un tema que es coreado habitualmente por los aficionados en los distintos campos de fútbol ingleses.

Cuando el Comité Olímpico Internacional designó en 1993 como sede de los Juegos Olímpicos del año 2000 a Sídney en lugar de a Mánchester, la delegación inglesa demostró su buen perder y su esperanza en conseguir organizar las Olimpiadas cantando la canción. La recompensa llegó tarde, pero llegó, y el mismísimo Eric Idle interpretó el tema en la ceremonia de clausura de los Juegos Olímpicos de Londres de 2012.

La canción está en el repertorio de *Spamalot*, el musical de Broadway basado en la película de *Los caballeros de la mesa cuadrada* que escribió el propio Idle.

## «*Always Look on the Bright Side of Life*»

A día de hoy sigue siendo una de las canciones preferidas por los británicos para cantar en los funerales de sus seres queridos.

Anímate, Brian, ¿sabes lo que dicen?
Algunas cosas en la vida son malas
Pueden hacerte enfadar de verdad
Otras cosas solo te hacen jurar y maldecir
Cuando estás masticando el cartílago de la vida
No refunfuñes, da un silbido
Y esto ayudará a que las cosas salgan bien
Y...

Mira siempre el lado alegre de la vida.
Mira siempre el lado alegre de la vida.

Si la vida parece estar podrida
Hay algo que has olvidado
Y eso es reír y sonreír y bailar y cantar
Cuando te sientas deprimido
No seáis bobos, zoquetes
Simplemente apretad los labios y silbad,
    eso es lo que hay que hacer
Y...

Mira siempre el lado alegre de la vida.
(¡Vamos!)
Mira siempre el lado alegre de la vida.

Porque la vida es bastante absurda
Y la muerte es la última palabra
Siempre debes mirar el telón con una reverencia
Olvidar tu pecado
Darle al público una sonrisa
Disfrútalo, es tu última oportunidad de todos modos

Así que mira siempre el lado bueno de la muerte
Justo antes de que des tu último suspiro.

La vida es una mierda (Oohh)
Cuando la miras
La vida es una risa y la muerte es una broma,
     es cierto (Oohh)
Verás que todo es un espectáculo (Oohh)
Mantenles riéndose mientras te vas
Simplemente recuerda que la última risa
     es para ti (Oohh)
Y...

Mira siempre el lado alegre de la vida.
Mira siempre el lado alegre de la vida.
(¡Vamos, Brian, anímate!)

Mira siempre el lado alegre de la vida.
Mira siempre el lado alegre de la vida.
(Cosas peores pasan en el mar, ¿sabes?)

Mira siempre el lado alegre de la vida.

(¿Qué tienes que perder?
¿Sabes? Vienes de la nada
Vuelves a la nada
¿Qué has perdido? Nada)

Mira siempre el lado alegre de la vida.
(Nada vendrá de la nada
¿Sabes lo que dicen?)
Mira siempre el lado alegre de la vida.
(Anímate, viejo cabrón
Vamos, sonríe
Ahí estás, ¿ves?)

(Es el final de la película)
(Por cierto, este disco está disponible en el vestíbulo)

Mira siempre el lado alegre de la vida.
(Algunos tenemos que vivir también, ¿sabes?)

(Muy bien, ese es el lote, vamos a derribar este lugar
Todo el espectáculo se desmantela en tres semanas
¿Quién crees que paga por toda esta basura?)

Mira siempre el lado alegre de la vida.
(Nunca van a recuperar su dinero, ya sabes
Le dije, le dije, «Bernie», le dije, «nunca recuperarán
su dinero»)

# «Mira siempre el lado alegre de la vida».*

* Un dato inquietante: La canción dura 3:33, justo la mitad de 666, el número de la Bestia. ¿Casualidad? No lo creo.

# 7. El montaje

—Estamos dispuestos a derramar nuestra
sangre por la causa.
—¡Yo no!
—¡¿Eh?!
—¡Que yo no!
—Ah, sí. Hay uno que no.

Hubo cinco escenas de la película que se cayeron en la sala de montaje, unos trece minutos de metraje, algunos de esos minutos que se cortaron se mostraron un año después en el canal Paramount Comedy del Reino Unido.

La primera escena que se eliminó estaba justo al comienzo de la película, y se trata de unos pastores charlando extasiados junto al fuego de la belleza de sus ovejas. Están tan entusiasmados con sus alabanzas a sus rebaños que no se dan cuenta de que a su espalda ha bajado desde el cielo el ángel que anuncia el nacimiento de Jesús.

Otros pastores aparecen después para contarles que han sido testigos de la Anunciación, pero les han lanzado una piedra pensando que eran lobos y se marchan a Belén sin contarles «la buena nueva». Justo después aparecen al fondo los Reyes Magos, que se dirigen al portal.

Es una buena escena cómica, pero los Monty Python consideraron que ralentizaba demasiado el inicio. Se trataba de una escena reciclada en parte de una de las primeras ideas para la película, la del apóstol que se pierde todos los acontecimientos importantes de la vida de Jesús porque siempre está haciendo otra cosa o llega tarde.

Otra de las escenas eliminadas ampliaba la escena del secuestro de la mujer de Pilatos —interpretada por el actor John Case— con alguna persecución extra por el palacio, un homenaje a las películas de cine mudo de Buster Keaton o Harold Lloyd.

Se recortó una escena, la misma en la que hace el cameo el ex Beatle George Harrison, con John Cleese poniendo orden en un tumulto entre seguidores de Brian e intentando controlar los grupos que le adoran: los poseídos, los que llevan regalos, los incurables y un voluntario que quiere ofrecer peces.

En la película original se deja la primera parte de la escena, pero solo con el audio.

También optaron por quitar una escena muy breve con Judith liberando unas palomas e intentando pedir ayuda al escuadrón suicida. Con un peculiar homenaje al *sketch* de los andares ridículos incluido de uno de los personajes como señal para rescatar a Brian.

Pero el grueso de los cortes en la sala de montaje fueron las escenas protagonizadas por un personaje polémico: Otto, el líder de la facción más integrista y radical del Frente Popular de Judea.

Otto era un personaje recurrente, con un bigote a lo Hitler que hablaba con acento alemán y saludaba con el brazo en alto diciendo «¡Heil, Líder!». Llevaba un casco tipo germánico con el logo del Frente del Pueblo de Judea que diseñó Terry Gilliam: una estrella de David con una pequeña línea añadida en cada punto que hacía que se pareciera a una esvástica. Muy duro y nada sutil.

En la escena eliminada de su presentación a Brian, Otto está buscando al nuevo líder de su pueblo, al que define como un Hitler para los judíos, exclama acusaciones racistas y presenta al escuadrón suicida definiéndole como «todos judíos, nada de extranjeros», y añade que pueden suicidarse en «menos de veinte segundos».

Otto le hace una demostración a Brian, que acaba con todo el escuadrón muerto, o eso parece, porque lo simulan pensando que era un simulacro. Otto se despide indicándole a Brian que están dispuestos a morir por el Mesías y se marchan, mientras suena una marcha militar cantada en alemán.

La razón oficial del corte era que el diálogo de Otto «desaceleraba la narrativa», pero Eric Idle estaba incómodo con su personaje: «Es esencialmente un ataque bastante salvaje al sionismo rabioso, lo que sugiere que es bastante similar al nazismo, que es un poco fuerte, pero ciertamente es un punto de vista».

Terry Gilliam, por el contrario, siempre pensó que esas escenas deberían haberse quedado y se lo dijo a sus compañeros: «Escuchad, hemos cabreado a los cristianos; vamos a buscar a los judíos ahora».

La única escena con Otto que se quedó en la película es cuando llega a la crucifixión comandando su escuadrón suicida y enviando a los soldados romanos a huir y, en lugar de liberar a Brian, se suicidan bajo la cruz.

Terry Jones mencionó que esta última escena no se cortó por rácord, porque los cadáveres del escuadrón se veían amontonados en el suelo durante el resto de la escena de la crucifixión. Jones reconoció que el humor de esta única aparición se perdió por los cortes anteriores del personaje, pero que «eran necesarios para el ritmo de la película», aunque en una entrevista posterior da a entender que se arrepiente de haber cortado esas escenas con Otto.

También se eliminó del metraje una breve escena camino de la crucifixión, porque cortaba el ritmo: la del comerciante que había pedido regatear a Brian, intentando vender a Judith «*souvenirs* del Calvario», entre ellos velas en forma de cruces.

Acabamos este capítulo diciendo la palabra prohibida: ¡JEHOVÁ!

Varias mujeres disfrazadas con barbas postizas comienzan a lanzarme piedras por blasfemo y acaban lapidándome con una roca gigante.

# 8. El estreno.
## «Nadie espera a la Inquisición española»

La película iba a titularse inicialmente *Brian de Nazaret*, pero conscientes los seis Monty Python de la polémica añadida que sería comparar el filme con la mítica serie sobre la vida de Jesucristo, *Jesús de Nazaret*, desistieron de la idea y la acabaron llamando *La vida de Brian*.

Aunque en países como Italia, donde la película se estrenó nada menos que doce años después, en 1991, sí se tituló casualmente *Brian di Nazaret*, una decisión de *marketing* para aprovechar el éxito que había tenido en este país mayoritariamente católico la miniserie de Franco Zeffirelli.

Todo está dispuesto para el estreno de la película, pero... nadie espera a la Inquisición española, y menos aún a la británica.

Aquí es cuando entra en escena dando un salto y disfrazada de inquisidora Mary Whitehouse, una activista ultraconservadora y lideresa del *lobby* de censura cristiano de la Asociación Nacional de Espectadores, que ya había conseguido que condenaran a nueve meses de cárcel por blasfemo al autor de un poema en la publicación *Gay News*.

Alguien del equipo le había filtrado a Mary algunas páginas del guion, en concreto las escenas en las que aparecía el exleproso que insulta a Jesús por haberle curado, y Mary envía una carta al Comité Inglés de Censura para protestar por la película, aún no estrenada, pidiendo que se juzgue a sus autores por ofender a Jesucristo.

Los Monty Python contactaron con abogados para cubrirse las espaldas de cara al estreno, y estos concluyeron que la película no es blasfema, al centrarse en la vida de un personaje ficticio: Brian, que no es Jesucristo, lo que es explícitamente notorio en la película.

Para asegurarse de que el guion no era blasfemo se lo enviaron incluso a una alta personalidad religiosa, el doctrinario de la capilla de San Jorge del castillo de Windsor. Este les respondió explicándoles que el guion no era blasfemo, porque la comedia no iba sobre Jesucristo ni sobre la religión católica, sino sobre una religión falsa. El doctrinario se vino arriba, fue aún más allá y les animó a escribir una nueva escena en el guion donde se condenase a muerte a alguien por ser blasfemo.

Sin embargo, había dos personajes problemáticos en la película: el ya famoso exleproso, causa de la discordia con Whitehouse, y el de Otto, un supremacista judío con evidentes parecidos a la figura de Hitler.

El grupo decide dejar la escena del exleproso, pero prescinde prácticamente de todas las escenas de Otto, incluida una canción que le había escrito ex profeso Eric Idle. Al final, solo quedará de este personaje la escena en la que llega con su escuadrón suicida a «salvar» a Brian cuando le están crucificando.

Aun así, la polémica por la película en el Reino Unido ya había comenzado, incluso antes de su estreno en salas. Los Monty Python deciden entonces realizar el estreno mundial de la película en Estados Unidos para escapar de la polémica que había provocado en su país natal, Inglaterra.

*La vida de Brian* se estrenó en Nueva York el 17 de agosto de 1979 en tan solo cinco salas, recaudando 140.000 dólares durante ese primer fin de semana. Sin embargo... nadie esperaba a la Inquisición estadounidense.

Aquí es cuando entra en escena dando un salto y disfrazado de inquisidor el rabino Abraham B. Hecht, presidente de la Asociación de Rabinos de Nueva York, que consideraba irrespetuosa la famosa escena de la lapidación. Los rabinos neoyorquinos también se quejan del uso del manto ritual de plegaria judío, que solo puede ser llevado por religiosos en ceremonias oficiales. Los Monty Python, evidentemente, no tenían ni idea de qué era siquiera un manto de plegaria. Y no solo eso, los rabinos de Nueva York consideraron que la película, además de un insulto, era lo más «blasfemo, asqueroso y gravemente insultante» que habían visto en su vida.

La primera crítica religiosa llegó por el lado y por la religión menos esperados, pero a la fiesta de la censura se unieron, por supuesto, miembros de otras asociaciones religiosas.

## ¡Monjas con pancartas!

Fue la frase que pronunció Michael Palin al ver a monjas velando en las puertas de los cines de Nueva York para que los fieles no entrasen a ver la película.

Los grupos judíos ya la habían denunciado como «un ataque feroz contra el judaísmo y la Biblia, y también una cruel burla de los sentimientos religiosos cristianos», pero la lista de ofendiditos por la película era larga.

La Archidiócesis Católica la consideró «un crimen contra la religión que deja a Cristo en ridículo constante» y «blasfema».

«Asquerosa y blasfema» fue la definición de la película que hizo la Alianza Rabínica.

Para el Consejo Luterano era una «parodia profana» y una «película brutal y grosera».

La crítica no se quedó en la ciudad neoyorquina y traspasó fronteras. Fue condenada por la Alianza Rabínica de América, la Unión de Rabinos Ortodoxos, el Consejo de Siria y hasta las comunidades sefardíes de Oriente Próximo.

Y en una escena que no desentonaría con la desternillante parodia de la lapidación, para colmo se celebró una manifestación de rabinos en Nueva York ofendidos por el abuso de la palabra «Jehová» en esa escena.

Los rabinos acusaron a la distribuidora de la película, Orion Warner, de blasfemos, sacrílegos y de distribuir un filme que era «una incitación a una posible violencia». No deja de ser paradójica esa afirmación de quienes se ofenden por una escena de lapidación por blasfemia.

Tenemos así protestas en la calle y en los despachos de judíos, cristianos y protestantes, valga la redundancia.

## «Por primera vez en 2.000 años pusimos a todos esos pueblos de acuerdo».

Esa fue la famosa frase que pronunció John Cleese en una entrevista en 1998 para referirse a ese momento de unidad, en su contra, que consiguieron de los representantes en la Tierra de todas esas religiones.

Terry Gilliam dijo más tarde que el islam no existía en tiempos de Jesús, pero en caso contrario, afirma que seguro que también habría participado en la protesta. Además, estaba muy orgulloso de ser acusado de blasfemia, porque eso significaba que habían conseguido, en sus propias palabras, «irritar a la gente adecuada».

Pero las protestas no se quedaron en Estados Unidos; los Monty Python tampoco fueron profetas, nunca mejor dicho, en su tierra.

La portada del periódico británico *Evening News* del 19 de junio de 1979 nos da una idea del impacto del estreno de la película en el Reino Unido: «¿Es esta la película más blasfema hecha nunca?».

Es cierto que como eslogan publicitario ese titular no tiene precio. ¿Quién no querría ir a ver al cine una película anunciada de esta manera?

El Comité Inglés de Censura, haciendo caso omiso a las plegarias y peticiones de la ultraconservadora y censora Mary Withehouse, aprobó el estreno de la película sin eliminar ninguna escena, pero, eso sí, la calificó para mayores de catorce años, por su lenguaje soez y sobre todo por sus breves pero explícitos desnudos frontales de los actores en varias escenas.

Aunque la presión del *lobby* ultrarreligioso consiguió que la decisión última de la proyección de la película dependiera de los ayuntamientos. Esto provocó que en treinta y nueve ayuntamientos del Reino Unido se prohibiera la exhibición de la cinta, incluso en algunas localidades que no tenían ni siquiera salas de cine. Un miembro del consejo de Harrogate, que prohibió la proyección, reveló en una entrevista televisiva que el consejo no había visto ni siquiera la película, y que había basado su opinión en una agrupación de base cristiana evangélica.

Prohibir proyectar una película sin haberla visto o en un pueblo que ni siquiera tenía sala de cine es un hito de la comedia solo a la altura de los Monty Python.

«¿Es esta la película más blasfema hecha nunca?»

Para sortear esta censura desde las localidades donde la cinta estaba prohibida a las que sí estaba permitida se llegaron incluso a organizar excursiones en autobuses, que se transformaron en auténticas fiestas de homenaje a los Monty Python.

Mientras, a las prohibiciones se iban sumando países de todo el mundo.

*La vida de Brian* fue prohibida durante un año en Noruega; nada menos que durante nueve años en Irlanda —donde se acabaría estrenando en 1988—; en muchas ciudades con un alto índice de cristianos de Estados Unidos también estuvo prohibida; en Italia no se estrenó hasta 1991, y en Checoslovaquia la película no llegó a los cines hasta alcanzar casi el siglo XXI, en 1999, cuando el país ya se llamaba República Checa.

En 2008, en Devon (Inglaterra) se permitió que se exhibiera la cinta solo después de ganar una votación *online* para el Festival Internacional de Cine de Comedia de la Riviera Inglesa.

En 2013, un funcionario alemán del estado de Renania del Norte-Westfalia consideró que la película posiblemente fuera ofensiva para los cristianos y, conforme a la regulación local, se prohibía su proyección pública durante la fiesta del Viernes Santo.

Aprovechando la rivalidad histórica entre suecos y noruegos, en Suecia se promocionó con un eslogan maravilloso: «Una película tan divertida que la han prohibido en Noruega».

En Finlandia pudo proyectarse, pero con una advertencia en los créditos de inicio y con un texto que explicaba que se trataba de una parodia de las películas épicas de época de Hollywood.

Pero no solo la película, sino también el guion impreso fue prohibido en Sudáfrica y se añadió a su lista de «literatura objetable» considerada perjudicial por el Gobierno sudafricano.

La cinta fue rechazada también por las cadenas BBC e ITV para emitirse en sus plataformas durante largos años por temor a ofender a los cristianos del Reino Unido.

**«Lo que yo daría por que me escupieran en la cara. Hay noches que las paso colgado soñando que me escupen en la cara».**

A pesar, o a causa, de todas las polémicas y los boicots, *La vida de Brian* fue un rotundo éxito de taquilla. De doscientas salas pasó a proyectarse en seiscientas, y se convirtió en la cuarta película con mayor recaudación ese año en el Reino Unido y la cinta británica más vista en Estados Unidos, donde recaudó alrededor de veinte millones de dólares.

«Me hicieron rico», confesó más tarde John Cleese sobre el impacto de las protestas en la recaudación de la película. «Siento que deberíamos haberles enviado una caja de champán o algo así», continuó con su mordacidad habitual.

La película fue un éxito increíble, estaba en boca de todos, especialmente su mítico final cantado, aunque curiosamente en la televisión británica no podía emitirse porque las cruces estaban prohibidas, como recordó irónicamente Eric Idle: «Si la hubiéramos cantado desde la horca no habrían tenido ninguna objeción, ¿pero la cruz?, no, ni hablar».

*La vida de Brian* tuvo más publicidad en los informativos que en las secciones de Cultura, al convertirse en noticia nada más estrenarse. Los Monty Python aprovecharon la polémica para realizar una original campaña de promoción del filme en su pase por televisión: la madre de John Cleese, Muriel, pidió ir a verla, porque si la película no funcionaba bien en taquilla, al tener su hijo un porcentaje de la cinta, podría arruinarse y la echarían de su propia casa, y era una jubilada, y además la mudanza podría matarla. Esta campaña ganó un merecido premio de publicidad.

Los Monty Python esperaban polémica por la temática, aunque les sorprendió especialmente la virulencia de algunos ataques, pero se lo acabaron tomando, como toda su carrera, con sentido del humor. Para John Cleese, una de las frases que les gritaron, «¡Los Monty Python son esbirros del diablo!», le parecía un eslogan tan bueno que incluso se plantearon utilizarlo para promocionar la película.

Incluso se les acusó de dulcificar la crucifixión en varios momentos de la cinta. Terry Jones replicó: «Cualquier religión que convierta una forma de tortura en un

«¡Los Monty Python son esbirros del diablo!»

icono que adoren me parece una religión bastante enfer-
ma, sinceramente».

Pero no todo fueron vetos.

La película tuvo un enorme éxito de público, pero también de crítica, como refleja una de las reseñas inglesas de
la época:

«*A perfect comedy and a gentle triumph of silliness over
pomposity, self-importance, and intolerance*» («Una comedia perfecta y un dulce triunfo de la estupidez sobre la
pomposidad, la soberbia y la intolerancia»).

El crítico Robert Osborne ya dejaba claro en su crítica
publicada en 1979 la actitud con la que había que afron-
tar la película: «Requiere que los compradores de entradas
entren al cine con sentido del humor».

Y, como colofón, una anécdota sencillamente maravillosa:
la actriz que interpretó a Judith en la película, Sue Jones-
Davies, sería merecedora de su propia película, un *spin off*
de *La vida de Brian*, pues su vida lo merece. Veintinueve
años después de rodar la cinta fue elegida alcaldesa de la localidad galesa de Aberystwyth (16.000 hab.), donde la película llevaba prohibida casi treinta años, desde su estreno en
1979, y fue ella la que dejó sin efecto esa prohibición al año
siguiente de llegar al cargo, en 2009, así que a la primera
proyección en el pueblo acudieron dos de los miembros del

grupo: el director Terry Jones y Michael Palin. Con esta medida poética, Sue Jones-Davies acabó la lucha que su personaje Judith comenzó en la película contra la opresión.

## *Friday Night, Saturday Morning.* El debate

John Cleese y Michael Palin protagonizaron uno de los momentos culminantes y más icónicos de esta caza de brujas en la que se convirtió el estreno de *La vida de Brian*. El 9 de noviembre de 1979, solo un día después del estreno de la película, fueron invitados a un programa de debate de la cadena BBC: *Friday Night, Saturday Morning*,* presentado por el actor Tim Rice, para hablar sobre la polémica que había creado el reciente estreno de la cinta.

Frente a ellos nada menos que un obispo anglicano, Mervyn Stockwood, y el periodista católico Malcolm Muggeridge, exeditor de la revista satírica inglesa *Punch*, y al que los miembros de los Python tenían sumo respeto por su trabajo cómico, pero que recientemente se había convertido en un fervoroso católico. Y todo esto frente al público en directo.

La cadena hizo una proyección privada de la película antes del debate para los intervinientes, aunque estos mis-

---

* El debate, de una hora de duración, se puede ver de forma íntegra en YouTube y merece la pena su visionado.

mos confesaron después que habían llegado quince minutos tarde al pase, perdiéndose precisamente las primeras escenas, que demostraban que Jesucristo y Brian no eran el mismo personaje.

El obispo Mervyn Stockwood acusó a la película de no ser más que «una muestra de humor universitario o de escuela para deficientes mentales». Malcolm Muggeridge, a su vez, introdujo en el debate un argumento que ha sobrevivido hasta nuestros días: «Si en vez de Jesucristo os hubieseis metido con Mahoma se hubiera montado un escándalo en este país».

John Cleese, con su ironía habitual, les respondió que «hace cuatrocientos años nos hubieran quemado por hacer esta película. No niego que hayamos mejorado». Esto provocó los aplausos del público, que claramente estaban posicionados en el debate de parte de los cómicos.

Al principio, los Monty Python parecían conmocionados por la virulencia del ataque, especialmente porque los cuatro contertulios se habían conocido antes del debate y habían tenido una charla relajada.

En sus memorias, publicadas en 2006, Michael Palin escribió sobre la actitud del obispo: «Comenzó con notas cuidadosamente ocultas en su entrepierna, escondidas bien fuera del alcance de la cámara, para dar un breve sermón a la audiencia... Nos acusó de burlarnos del trabajo de la Madre Teresa, de ser estudiantes universitarios y mentalmente inestables».

Cleese y Palin insistieron en que ellos no se reían de Jesús, sino que vierten sus críticas en los líderes religiosos y en quienes les creen a pies juntillas, sin reflexión previa. Michael Palin explicó que «mucha gente sale muy contenta, riéndose de ello y con su fe intacta», pero, por el contrario, el exeditor Malcolm Muggeridge le responde que «una película tan mala no podría destruir la fe genuina de nadie» y añade: «Empecé diciendo que esta es una película de décimo nivel que no creo que perturbe la fe de nadie».

A Muggeridge le desagradaba especialmente la canción final en la escena de la crucifixión: «Todo lo que has hecho es colocar a un montón de gente ante nuestra cruz cantando una canción de *music-hall* (...). Es tan repugnante si lo piensas..»., y se quejó de la facilidad con la que los Monty Python «fueron capaces de extraer humor del más solemne de los misterios».

Michael Palin cuenta este incidente en su libro *Monty Python. Autobiografía*. Recuerda que cuando Muggeridge dijo que «el cristianismo había sido responsable de mayor bien en el mundo que cualquier otra fuerza en la historia», su compañero John Cleese le respondió: «¿Qué pasa con la inquisición española?», haciendo alusión a su famoso *sketch*.

El debate termina con una acusación gravísima del obispo anglicano Mervyn Stockwood a los Monty Python: «Tendréis vuestras treinta monedas de plata, de eso sí estoy seguro», y con el cabreo monumental de Michael Palin.

Palin fue el que peor se tomó el debate de los dos miembros del grupo. Tuvo una educación cristiana y no pudo evitar tomárselo en serio, especialmente tras las acusaciones de traidores del obispo. Palin confesó que al acabar el debate televisivo el religioso se le acercó en un aparte y le soltó: «Parece que ha quedado bien, ¿no?».

John Cleese y Michael Palin sintieron que hubo un cambio de roles en el debate: dos jóvenes cómicos tomándose en serio el debate, que se habían documentado e investigado sobre el tema, y enfrente dos figuras respetables que se dedicaron a provocar y a hacer bromas baratas en vez de argumentar sus posiciones.

El mundo al revés.

John Cleese ha dicho con frecuencia en posteriores entrevistas que disfrutó del debate porque, creía, que la película era «completa e intelectualmente defendible». Sin embargo, después de ver el debate de nuevo en 2013 para el programa *Today* de la BBC Radio 4, el humorista y actor británico dijo que «se sorprendió, en primer lugar, de lo estúpidos que eran (los dos) y lo aburrido que se volvió el debate». Además añadió: «Creo que lo triste fue que no hubo absolutamente ningún intento de discusión adecuado, ningún intento de encontrar un terreno común».

Michael Palin recordó también el debate, años más tarde, en una entrevista en el periódico *The Guardian*: «Habíamos hecho nuestro trabajo, pensando que íbamos a entrar en una discusión con argumentos teológicos bastante duros, pero resultó ser prácticamente una pelea callejera. Eso nos sorprendió mucho. No me enojo muy a menudo, pero me enojé de rabia por su actitud y la presunción de ella».

Cleese prefirió resumirlo todo diciendo: «Siempre sentí que ganamos el debate al comportarnos mejor que los cristianos».

Solo unos días después, el programa de humor *Estas no son las noticias de las nueve* parodió este debate, con la actuación estelar del actor y humorista Rowan Atkinson, más conocido como Mister Bean, como un obispo que había dirigido una película sobre Jesucristo en la que parodiaba a los Monty Python, y además usando como argumento una frase mítica de uno de los más celebrados gags del propio grupo humorístico: «Nadie espera a la Inquisición española».

Este famoso debate, y sobre todo la polémica que provocó durante y después de su emisión, se adaptó en 2011 como película para la televisión para el canal británico BBC Four con el título de *Holy Flying Circus*. En ella seis actores interpretaban a los Monty Python y narraba las vicisitudes y comicidades a que se enfrentaron dos de ellos, Michael Palin y John Cleese, durante el debate televisado con el obispo anglicano Mervyn Stockwood y el periodista católico Malcolm Muggeridge.

–No vuelvas a decir «Jehová» o vas a empeorar las cosas.
–¿Peor de lo que están? No puede ser. ¡Jehová, Jehová, Jehová!

Pero el debate blasfemia/herejía no se quedó en la televisión. Incluso dentro del grupo había divergencias y opiniones encontradas sobre si la película era una herejía o una blasfemia.

Cuando los Monty Python se reunieron en 1998 en Aspen, Colorado, durante un debate sobre *La vida de Brian*, Terry Jones afirmó: «Creo que la película es herética, pero no es blasfema».

Eric Idle estaba de acuerdo y añadió que «es una herejía», pero Cleese no estaba de acuerdo: «No creo que sea una herejía; se está burlando de la forma en que la gente no entiende la enseñanza».

Terry Jones le respondió: «Por supuesto que es una herejía, John. Está atacando a la Iglesia y eso tiene que ser herético».

Cleese volvió a responderle: «No, no está atacando a la Iglesia necesariamente. Es sobre personas que no pueden estar de acuerdo entre sí».

En una entrevista posterior, Terry Jones matizó que la película «no es blasfema porque no toca la creencia en absoluto. Es herética porque toca el dogma y la interpretación de la creencia en lugar de la creencia misma».

Con el tiempo, la posición de la Iglesia, por lo menos de la católica, se ha vuelto más tolerante con la cinta. Recientemente, el reverendo anglicano Richard A. Burridge, un erudito al que el papa Francisco ha otorgado la máxima distinción teológica y fue decano del King's College de Londres, ha declarado que «la película ofrece una visión más exacta del siglo I en Judea que casi ninguna otra película sobre Jesús».

Opinión con la que coincide Julian Doyle, el encargado del montaje del filme, que en su libro *La vida de Brian/ Jesús* cuenta cómo fue el proceso de rodaje y la edición de la obra magna de los Monty Python, y afirma que «es la película bíblica más precisa jamás realizada».

# 9. El estreno en España

Con una pistola en la mano, y al grito de «¡Quieto todo el mundo! ¡Se sienten, coño!», el teniente coronel de la Guardia Civil, Antonio Tejero, junto a un grupo de 288 guardias civiles asaltaron el Congreso de los Diputados de la Carrera de San Jerónimo un 23 de febrero de 1981.

Poco más de tres meses antes, y en este ambiente «tan favorable» para una sátira religiosa, el 10 de noviembre de 1980 se estrenaba en España *La vida de Brian*.

Recordemos que estamos en unos años en los que la película de Pilar Miró *El crimen de Cuenca* solo pudo estrenarse en 1981 y con calificación «S», tras haber sido prohibida inicialmente después de un calvario de procesos judiciales, incluido el procesamiento de la propia directora.

En ese momento de efervescencia postdictadura, y aprovechando que la censura había desaparecido solo cuatro años antes, en 1977, se mezclaban en la cartelera española las primeras películas de Pedro Almodóvar y Fernando Trueba, experimentos como el *Arrebato* de Iván Zulueta, el cine quinqui de José Antonio de la Loma o el destape de *Los energéticos* con Esteso y Pajares, y todo esto a la vez que comenzaba la fiebre de *Star Wars*. Un cóctel explosivo que bien podría haber dado lugar a un *sketch* de los mismísimos Monty Python.

La polémica que precedió a la película, y su calificación de blasfema tras su estreno en Estados Unidos e Inglaterra, llevó a estrenarla en España solo en versión original inglesa con un subtitulado en español de mala calidad, cuando lo habitual en esa época era estrenar las películas en versión doblada.

Además, fue clasificada para mayores de dieciocho años, una calificación que limitaba muchísimo su estreno en salas comerciales y de gran aforo.

Aun así, y como suele ocurrir, todas estas trabas fueron un aliciente para quienes estaban deseando ver lo nuevo de ese peculiar grupo de humoristas de Gran Bretaña que un par de años antes, en 1977, habían estrenado *Los caballeros de la mesa cuadrada*, aunque con dos años de retraso respecto a Estados Unidos e Inglaterra.

Los referentes que tenían los españoles sobre el grupo humorístico británico eran casi inexistentes, por lo que el público llegaba casi virgen al visionado de la película. La censura franquista había hecho su trabajo para que *Flying Circus* no se emitiera en Televisión Española, ni por supuesto su primera película, *Monty Python and now for Something Completely Different*, de 1971, en plena dictadura, aquí traducida después, con ese extraño criterio con que se traducen muchas películas extranjeras al español, con el título de *Se armó la gorda*, aunque posteriormente se renombró por suerte como *Y ahora algo completamente diferente*.

Tras el éxito de *La vida de Brian* se desató la locura y los videoclubs hicieron su agosto alquilando las anteriores películas de los Monty Python. En ciudades como Madrid fue tal el éxito de la cinta que estuvo más de dos años ininterrumpidos en cartelera.

Los propios Monty Python, en agradecimiento, visitaron el ya desaparecido Cine Madrid, en la plaza del Carmen, para descubrir una placa que recordaba el estreno de su película en esa misma sala, donde fue recibida, como afirmaba el propio Terry Gilliam, «con entusiasmo».

Gilliam, en una entrevista, explica el porqué del éxito del filme: «Creo que esa reacción en España se debió a que era el momento perfecto. Franco ya no estaba y la sociedad se encontraba en pleno cambio».

Ya fuera por esa razón o por su calidad cómica innegable, *La vida de Brian* se convirtió en la quinta película más taquillera de España en 1980, una cifra impresionante teniendo en cuenta que la cinta se estrenó en muy pocas salas y con un aforo más reducido que las grandes salas de estreno. La película solo se dobló al castellano cinco años después, en 1985, para su estreno en formato vídeo y para su posterior emisión por televisión.

Pero no acabó ahí la vida comercial de la película, ni mucho menos; volvió a estrenarse diez años después de su estreno, en 1990, en diecisiete salas, y para celebrar su cuadragésimo aniversario setenta y cinco salas la programaron en cuarenta y cinco ciudades españolas durante la Semana Santa de 2019. Además, la cinta sigue siendo programada regularmente por algunas salas de cine.

La película no tuvo los problemas de boicot que sufrió en su pase por los cines de Estados Unidos o de Gran Bretaña; en España solo se produjeron algunos incidentes aislados de grupos ultrarreligiosos protestando en la entrada de algunas salas.

En ciudades como Valladolid el estreno del filme se retrasó hasta el año siguiente, 1981. Allí coincidió con la celebración de la Semana Santa y, como recuerda el crítico de cine Fernando Herrero, «fue un exitazo importante que se mantuvo en cartel durante muchos meses». De hecho, compitió de tú a tú con un pelotazo en taquilla de ese mismo año como fue *E. T., el extraterrestre.*

Las críticas cinematográficas fueron, en general, benevolentes con la película, incluso entre la prensa conservadora.

La crítica de Pedro Crespo en *ABC* señala que se trata de «una farsa que bordea la irreverencia y que algunos espectadores timoratos pudieran considerar poco menos que blasfema».

La crítica también incluía un aviso a navegantes y ofendiditos: «Conviene insistir en el capítulo de las irreverencias, que chocarán al espectador dispuesto a impresionarse y escandalizarán al proclive a escandalizarse».

Pero, a pesar de todo, los críticos se rindieron a la vena humorística del grupo: «En su exposición, los Monty Python saltan de irreverencia en irreverencia, logrando algunos gags estúpidamente irresistibles, con los que el público se ve forzado a reír como reía con algunas películas del cine mudo».

Creo que los Monty Python se hubieran sentido halagados con esa descripción de su humor: «estúpidamente irresistibles».

Eso sí, Pedro Crespo añadía una acusación de antisemitismo que hubiera hecho las delicias de los rabinos estadounidenses: «Y una última observación para terminar. *La vida de Brian*, más que oler a blasfemia irreverente, despide un penetrante tufillo a antisemitismo. Aunque, curiosamente, no hay noticias certeras de reacciones en contra por parte de los judíos».

Para el periodista Emilio Salcedo, en su crítica en *El Norte de Castilla* en el año 1981, la película «tiene mucho de filme *underground*». Su crítica entronca el período histórico de la cinta con el momento en que se estrena, y ve en ella una crítica al imperialismo: «Realmente, *La vida de Brian* es una historia actual, una sátira de todos los movimientos de liberación: los tercermundistas, los feministas, el *gay power*, y de forma muy inteligente, porque el espectador queda cogido en la trampa y asiste a un espectáculo lúcido en el que las referencias al pasado, a la Jerusalén en poder de Pilatos, son un reflejo del mundo dominado directa e indirectamente por Estados Unidos».

Con el tiempo, el mito de la película creció y algunos ya se atrevían a colocarla incluso en el Olimpo de la Comedia.

Antonio Albert, crítico del diario *El País*, tras el reestreno unos años después la calificó como «una obra maestra» y «una muestra del más refinado y malévolo humor británico, gamberrismo inteligente, sana irreverencia, ironía salvaje y corrosión generalizada».

Irónicamente, *La vida de Brian* se ha acabado convirtiendo en un clásico de la programación de algunas televisiones en Semana Santa, junto a los títulos de películas religiosas que parodiaban, como *Rey de Reyes*, *Los Diez Mandamientos* o *Jesús de Nazaret*.

Parafraseando el célebre *sketch* de los propios Monty Python, nadie esperaba que *La vida de Brian* se convirtiese en una tradición española.

# 10. «Ahora algo completamente diferente»

Los Monty Python acababan de terminar la mejor obra de su exitosa carrera.

Para John Cleese, *La vida de Brian* es la película más madura que había realizado el grupo.

Michael Palin dijo que «después de *La vida de Brian* teníamos la sensación de haber subido el listón».

El grupo humorístico británico tiene que responder a la pregunta más temida después de haber triunfado a lo grande con su trabajo anterior: «¿Y ahora qué hacemos?».

Eric Idle no se atreve esta vez a soltar un órdago como el que soltó con su «*Jesus Christ: Lust for Glory*» («Jesucristo, ansias de Gloria»), pero hace algo incluso más montypythoniano si cabe: escribe un poema.

El éxito de *La vida de Brian* fue tan brutal que los Monty Python solo necesitaron poner sobre la mesa dos condiciones para conseguir la financiación de su siguiente película: el poema que había compuesto Eric Idle y una cifra, los ocho millones de dólares de presupuesto que pedían para filmar la película.

«Este
loro ha
dejado
de existir».

El poema de Eric Idle es el siguiente:

La peli lo tiene todo,
todo aquello que tú quieras:
del sentido de la vida
a tías con grandes peras.

Aceptaron, y esa fue su siguiente película: *El sentido de la vida*.

Pero eso es otra historia y el fin de la historia de Monty Python.

Aparece Michael Palin con un traje rojo delante de unos veraneantes en la playa:

¿Y qué tal la última frase con gancho —*the punch line*—? ¿Eh? Oh, ya me entienden. Ohhh.

Entra Graham Chapman en escena, también trajeado y fumando en pipa, y le golpea con un pollo muerto.

Sale de plano y le deja el pollo muerto a alguien disfrazado con una armadura medieval.

# 11. *La vida de Brian.*
# Resurrección

*La vida de Brian* no acabó su vida con el estreno y la polémica que generó en su época. Emulando a Jesucristo, el famoso vecino de pesebre de Brian, después de su muerte resucitó y subió a los Cielos.

«Codazo, codazo, guiño, guiño».*

*La vida de Brian* dio pie, nunca mejor dicho en el caso de los Monty Python,** a un musical, a un oratorio cómico, de Eric Idle y el músico y director de orquesta británico John Du Prez, titulado «No es el Mesías (Es un chico muy

---

\* Esta expresión para dar a entender «Ya sabes a qué me refiero» también viene de un *sketch* de los Monty Python: «El fotógrafo cándido», donde Eric Idle, el autor, está bebiendo en un *pub* con un extraño, Terry Jones, y le interrumpe constantemente con guiños y codazos para buscar intenciones ocultas —sobre todo de índole sexual— en una charla casual.

\*\* El autor pide disculpas, pero la frase daba pie al chiste fácil. Vaya, otra vez.

travieso)», que se estrenó en 2007 en Toronto, Canadá, y dos años después en el Royal Albert Hall de Londres, Inglaterra.

Es un musical que parodia y mezcla *El Mesías*, el oratorio de Händel, con pop, gospel, country, parodias al compositor ruso Dmitri Shostakóvich, los musicales de Broadway, y una parodia de Eric Idle como Bob Dylan tocando la guitarra y la armónica.

El oratorio consta de una apertura con la famosa sintonía de su programa «La campana de la libertad» y cinco partes relatando la vida de Brian: «Apocalypso ahora», «El chico de al lado», «La tentación de Brian», «Barroco y rollo» y «Miserere ama la compañía», y termina con la canción final de la película, «Always Look on the Bright Side of Life» («Mira siempre el lado alegre de la vida»), más un añadido: «La canción del leñador».

La película también dio lugar a un lujoso libro que se publicó en 1979: *La vida de Brian: el álbum de recortes de Monty Python*, una obra de gran tamaño con el guion de la película e imágenes del rodaje y la producción del filme.

Y también se puede encontrar a la venta en librerías *The Life of Brian. Scrapbook*, con diálogos de escenas eliminadas de la película en la sala de montaje o no filmadas: Brian predicando sobre el sexo forzado, un encuentro con un mendigo psicópata y los pastores vigilando sus rebaños por la noche.

Tiene, además, abundante material extra: entradas de los diarios de Terry Jones y Michael Palin en el Caribe, donde se pulió el guion, una carta de Palin en Túnez, ilustraciones de los títulos animados de apertura de Terry Gilliam, el guion de un tráiler con los extraterrestres, la letra de la «Canción de Otto», incluso la lista de medicamentos que llevó a Túnez como médico Graham Chapman y una guía útil sobre qué hacer después de que termine la película.

El filme, en un giro de los acontecimientos, muy loco pero a la vez muy de justicia poética, se ha convertido en un premio para otras películas que destaquen por su falta de contenido religioso. Valga como ejemplo que la UAAR (Unión Italiana de Ateos y Agnósticos Racionalistas) asigna el «Premio Brian» a la película más racionalista y/o atea presentada al Festival de Cine de Venecia, en Italia.

*La vida de Brian* aún se sigue reestrenando en cines de todo el mundo periódicamente tras más de cuatro décadas desde su lanzamiento y su apuesta irreverente por hacer humor con las religiones, los dogmatismos y los populismos sigue haciendo de ella un referente de la comedia en la actualidad.

Llegamos al momento de la pregunta inevitable y que se ha repetido como un mantra desde el estreno de la película.

La pregunta, con mayúsculas:

# ¿PODRÍA HACERSE AHORA *LA VIDA DE BRIAN*?

Darl Larsen, profesor, experto en la obra de Monty Python y autor de cinco libros sobre el grupo, responde: «Las posibilidades de que un estudio importante diera luz verde ahora a un proyecto así son bastante escasas... El mundo ha cambiado mucho desde 1979... Los estudios son muy conscientes de lo que opinan los consumidores, quieren proteger sus marcas y escuchan mucho la cacofonía de las redes sociales».

En el siglo XXI parecen haberse sustituido las barbas postizas para poder lapidar desde el anonimato por cuentas de X anónimas.

Larsen añade un argumento más centrado en la industria cinematográfica: «*La vida de Brian* fue prohibida hace cuarenta años en casi medio centenar de localidades de Inglaterra y en otros países, antes siquiera de ser vista, lo que significa que hoy en día podría no tener ni la oportunidad de ser producida».

Pero vamos a dejar que alguno de los Python responda a esta pregunta, por alusiones.

Michael Palin opina que «probablemente no podríamos. Creo que el sentido del humor ha cambiado un poco. La hicimos en el momento oportuno, logramos ser irreverentes y un poco idiotas al mismo tiempo».

Por su parte, Terry Gilliam opina: «Tengo la sensación de que ahora la gente se lo toma mucho más en serio», aunque sigue pensando que «ofender a la gente es muy importante».

De hecho, la adaptación teatral de la película que está preparando John Cleese aún no se ha estrenado y ya ha provocado una polémica mundial. El periódico conservador inglés *The Telegraph*, en uno de sus titulares, afirmó que Cleese iba a quitar una escena de la obra de teatro, concretamente la de Loretta, por considerarla ofensiva con el colectivo trans, y rápidamente medios de todo el mundo se apresuraron a titular que *La vida de Brian* iba a volver a ser censurada cuarenta años después.

El propio John Cleese afirmó que se «informó erróneamente» y aclaró: «Dije que habíamos tenido una lectura del último borrador del guion en Nueva York hace un año y que todos los actores, varios de ellos ganadores del premio Tony, me habían aconsejado encarecidamente que cortara la escena de Loretta. Por supuesto, no tengo ninguna intención de hacerlo».

Podríamos concluir este capítulo adaptando un famoso meme que circula por X: «*La vida de Bria*n vive. La lucha sigue».

# 12. El legado de los Monty Python. «Bienaventurados los gansos»

La influencia de los Monty Python en el mundo del humor y la comedia es absoluta desde los años setenta. Cómicos y programas han reconocido la influencia que han tenido en su forma de hacer el humor, desde *Saturday Night Live* o la serie animada *Los Simpsons* en Estados Unidos, pasando por los humoristas de *La hora Chanante* o Faemino y Cansado en España, o por Capusotto y Les Luthiers en Argentina. John Cleese ha declarado que «ser inspiración para los humoristas de hoy en día es un orgullo».

Una encuesta en el Reino Unido en 2005 solicitó a más de trescientos profesionales de la comedia —cómicos, guionistas, directores y productores— que eligieran a los mejores comediantes de todos los tiempos. La mitad de los miembros de Monty Python se encontraban en la lista entre los cincuenta mejores cómicos: John Cleese en la posición número 2, Eric Idle en la 21 y Michael Palin en la 30.

*La vida de Brian* sigue estando considerada en bastantes *rankings* internacionales como una de las mejores comedias de toda la historia del cine. Incluso en algunas encuestas, como las de Total Film o Channel 4, es la mejor, la número uno. Y la cadena británica BBC la considera «una de las comedias más divertidas de la historia del cine».

El British Film Institute pidió a los profesionales de la industria elegir las mejores series de televisión británicas de todos los tiempos de cualquier género y *Monty Python's Flying Circus* fue seleccionada en quinto lugar.

La revista *Time* eligió la serie entre su lista de «Los 100 mejores programas de televisión de todos los tiempos».

Hasta la Inteligencia Artificial (IA) se ha rendido a los encantos de los Monty Python y recomienda *La vida de Brian* como una de las diez mejores comedias.

«No tienen que seguir a nadie,
piensen por sí mismos.
¡Son individuos!»

La influencia de los Monty Python es tal que ha llegado a todos los ámbitos de la sociedad, e incluso están en el firmamento, literalmente. Astrónomos del Minor Planet Center del Observatorio Astrofísico Smithsonian de Harvard, en Estados Unidos, bautizaron con sus nombres a siete asteroides que orbitan entre Marte y Júpiter de nuestro Sistema Solar: «13681 MontyPython», «9617 GrahamChapman», «9618 JohnCleese», «9619 TerryGilliam», «9620 EricIdle», «9621 MichaelPalin» y «9622 TerryJones».

Pero, bajando a la Tierra, los paleontólogos también han querido hacer su homenaje al grupo y llamaron a una serpiente prehistórica descubierta en 1985 en Australia «*Montypythonoides riversleighensis*» en su honor.

Hasta un lemúrido de Madagascar lleva el nombre de «*Avahi Cleesei*» en homenaje a John Cleese, un gran colaborador de organizaciones para salvar de la extinción a esta especie de primates.

En el mundo de la informática también han tenido una gran influencia, ya que los correos no deseados de *email* se llaman «*spam*» por un famoso *sketch* suyo. Unos clientes en una cafetería intentan pedir un desayuno, pero toda la carta tiene «*spam*», las siglas de «*Shoulder of Por Ham*», una famosa carne de cerdo enlatada de la que acabaron hartos los ingleses durante la Segunda Guerra Mundial.

Una camarera, interpretada por Terry Jones, no paraba de repetir la palabra «*spam*» jaleada por un grupo de clientes vikingos cantándola: «*Spam, spam, spam, spam...* ¡*Spam* encantador! ¡Maravilloso *spam*!».

Y la informática tiene hasta su propio lenguaje de programación, homenaje a los cómicos: el «Python».

Para ser británico hay que conocer a los Monty Python, literalmente. Desde el año 2013 en el examen de nacionalidad para convertirse en ciudadano británico existe una serie de preguntas sobre cultura en la que están incluidos los Monty Python.

Regularmente, en el mundo de la política se hacen referencias al *sketch* del Frente Popular de Judea, al Frente Popular del Pueblo Judaico y a su enemigo común, ¡el Frente Judaico Popular!

¡DISIDENTE!

La última vez que pudimos disfrutar de todos los Monty Python juntos en directo fue para conmemorar los cuarenta y cinco años de su debut en televisión con su espectáculo en vivo: *Monty Python Live (mostly)* (Monty Python en vivo, la mayoría).*

De hecho, el espectáculo también es conocido por su otro lema: «*Monty Python: One Down, Five to Go*» («Uno caído, siguen cinco»).

Eric Idle dirigía a sus excompañeros, en su mayor parte, con una edad conjunta de 358 años, y lo anunció como una mezcla de «comedia, música y un poco de sexo antiguo».

Fue su segunda actuación sin Graham Chapman, aunque estuvo presente en el espectáculo con imágenes de archivo, y la última con Terry Jones, que fallecería el 21 de enero de 2020.

También fue anunciado con un eslogan muy montypythoniano: «El espectáculo que te deja con ganas de menos».

* Salvo la reunión que hizo todo el grupo en el Festival de Comedia de Aspen, Colorado, en 1998. Graham Chapman fue el protagonista a título póstumo de un *sketch* en el que Terry Gilliam tira una urna con sus cenizas al suelo y las acaban recogiendo con una aspiradora.

# Monty Python Live (mostly).

El vídeo de promoción fue grabado nada menos que por Mick Jagger, que, como si fuera uno de los Monty Python, se preguntaba: «¿Quién quiere volver a ver eso, de verdad? Es un montón de ancianos arrugados tratando de revivir su juventud y ganar un montón de dinero. ¡El mejor murió hace años!».

Habían acordado reunirse para realizar una sola función de despedida, pero al ver la locura que se desató con su vuelta a los escenarios, ya que las 16.000 entradas a la venta se agotaron en un tiempo récord de 43,5 segundos, decidieron ampliar dos semanas más.

Diez espectáculos en directo en el recinto del O2 Arena de Londres del 1 al 20 de julio de 2014. El último de sus *shows* se transmitió en directo en el Reino Unido y vía satélite a salas de cine y emisoras de televisión de todo el mundo.

Los espectáculos contaron con su compañera y «séptima miembro no oficial» de los Monty Python, Carol Cleveland. También contó con numerosos cameos de actores y cómicos como Stephen Fry, Simon Pegg, Eddie Izzard y Mike Myers, y la aparición estelar en un *sketch* y en el último programa en vivo del físico Stephen Hawking, quien fallecería pocos años después.

También tenía que asistir como invitado especial el actor estadounidense Robin Williams, pero canceló su presencia por su agravada depresión, que desembocó en su suicidio ese mismo verano de 2014, un fatídico 11 de agosto. En su posterior estreno en vídeo el programa se dedicó en su memoria.

Por supuesto, el espectáculo acababa con la canción «Always Look on the Bright Side of Life» («Mira siempre el lado alegre de la vida»).

Las críticas fueron positivas en general; en el periódico británico *The Telegraph* lo definieron como un espectáculo «conmovedor y predecible, pero tremendamente divertido», aunque en el último *show*, John Cleese y Michael Palin aprovecharon para leer una crítica negativa del diario *Daily Mail*, lo que desembocó en un divertido *sketch*.

A los Monty Python les encantaría que termináramos este capítulo con la misma frase que proyectaron en las pantallas al finalizar este último espectáculo juntos: «*PISS OFF*».*

## Otros miembros no oficiales de los Monty Python

La obra de los Monty Python siempre fue un trabajo colectivo, pero no solo de los seis cómicos oficiales del grupo. Existen al menos cuatro colaboradores más que fueron importantes a la hora de crear *Flying Circus* y sus cuatro posteriores películas:

**Neil Innes**, compositor de muchas de las canciones del grupo junto a Eric Idle, y llamado en ocasiones «el séptimo Python». Se incorporó a la cuarta temporada de *Flying*

* ¡Váyanse a la mierda!

*Circus* tras la marcha de John Cleese. Fue actor y guionista en sus programas, películas y en sus espectáculos en vivo. **Douglas Adams**, escritor y guionista también de la última temporada de *Flying Circus*, y años más tarde reconocido mundialmente como el autor de la mítica saga literaria de ciencia ficción «Guía del autoestopista galáctico».

Los Monty Python se disfrazaban de mujeres para interpretar casi todos los personajes femeninos de sus *sketches*, ya que como el propio Terry Jones reconoció: «El grupo era "bastante sexista", todos habíamos estudiado en colegios y universidades masculinas, y además no conocíamos a ninguna chica, era desolador».

Esto hizo que el grupo no confiara en las mujeres a la hora de interpretar los papeles humorísticos; solo las incorporaban si, por necesidades del guion, hacía falta una mujer atractiva. Esta falta de cómicas en sus programas solo tuvo dos excepciones: la actriz y cómica británica **Carol Cleveland**, a la que el grupo llamaba también «la séptima Python» y que era prácticamente la única mujer que actuaba en sus *sketches*, sobre todo a partir de 1970, y también **Connie Booth**, actriz y escritora estadounidense que apareció en varios *sketches* de *Flying Circus* y en las dos primeras películas de los Monty Python.

Connie Booth y John Cleese posteriormente escribieron y protagonizaron juntos la serie televisiva cómica *Fawlty Towers* (dos temporadas, estrenadas en 1975 y en 1979), ambientada en un pequeño hotel de Torquay, en la Riviera Inglesa, y además estuvieron casados durante una década, entre 1968 y 1978, en la que tuvieron una hija, Cynthia (n. 1971), que actuó junto a su padre en un pequeño papel en la película *Un pez llamado Wanda* (1988).

Y no nos podemos olvidar de un miembro honorífico más de los Monty Python que aparece en todas sus películas originales: *Y ahora algo completamente diferente/Se armó la gorda, Los caballeros de la mesa cuadrada, La vida de Brian* y *El sentido de la vida*:

## DÍOS

# Epílogo

Llegamos al final de este libro sobre los Monty Python y su película *La vida de Brian*. Usando las mismas palabras que empleó John Cleese en el funeral de su compañero Graham Chapman en 1989 haciendo un homenaje a uno de sus mejores *sketches*, el de «El loro muerto»:

Ha pasado a mejor vida.
Descansa en paz.
Ha estirado la pata.
Ha picado el billete.
Ha mordido el polvo.
La ha diñado.
Ha exhalado su último aliento...
Todo lo que queda de él son los recuerdos, pero
    pasará algún tiempo antes de que se desvanezcan.

# Bibliografía

## Películas y documentales

JONES, TERRY (Director). (1979). *Monty Python's Life of Brian*, HandMade Films.

JONES, TERRY (Director). (2008). *Monty Python's Life of Brian, The Immaculate Edition*.

YAPP, WILL (Director). (2007). *The Secret Life of Brian* (documental).

## Libros

BESLEY, ADRIAN, *Monty Python's Flying Circus. 50 years of hidden treasures*, editorial Carlton Group, 2019.

CLEESE, JOHN, *So Anyway*, editorial Random House, 2014.

GILLIAM, TERRY, *Gilliamismos. Memorias prepóstumas*, Terry Gilliam, Malpaso ediciones, 2016.

IDLE, ERIC, *Always Look on the Bright Side of Life: A Sortabiography*, Orion Publishing Group, 2019.

IDLE, ERIC (ed.), *The Life of Brian. Scrapbook*, editorial Eyre & Methuen, 1979.

LARSEN, DARL, *A Book About the film Monty Python's Life of Brian*, editorial Rowman & Littlefiled, 2019.

MONTY PHYTON, *Monty Python's Life of Brian (of Nazareth): screenplay by Graham Chapman*, editorial Methuen Publishing LTD, 2001.

MONTY PHYTON, *The Python's Autobiography by The Pythons*, Orion Publishing Group, 2003.

PALIN, MICHAEL, *The Complete Diaries*, editorial Weidenfeld & Nicolson, 2015.

PALIN, MICHAEL, *Monty Python at Work*, editorial Nick Hern Books, 2014.

THE PYTHONS, *Monty Python. Autobiografía*, edición de Bob McCabe, editorial Libros del Kultrum, 2021.

A través de una selección de extractos de
sus obras, fotografías y documentos inéditos,
Catherine Camus nos guía, con delicadeza
y sencillez, por la vida y obra de su padre.

RAMON BAYÉS

LA
JUNGLA
DE MI
MEMORIA

«Mientras vivimos y somos conscientes,
la vida empieza a cada instante,
nueva, distinta, por estrenar».

Plataforma
Editorial

*Colección Me acuerdo*

Un libro conmovedor y emocionante sobre
la relación entre el acto de recordar y la identidad,
escrito por uno de los grandes sabios de la memoria.